きれいWave★かわいいCurl
Tetsuya.sakamaki + apish all star

ページを開く前に、ひとつだけ約束してください

ながめるだけできっと[わかる]と感じるはずです

でも[感じる]だけでは前へすすめないから

[わかった！]と感じたら、必ず巻いてください

目で感じたら、手で試す

そうすれば、きっともっとずっとパーマが好きになる

パーマって、楽しい！と感じてもらえたらとてもうれしいです

坂巻哲也

contents

8　sweet style　人気のスイートウエーブのやさしさをもっと素敵に
ゆるめのウエーブはサロンの一番人気。ほとんどのサロンでもっとも大切にしている質感なのでは？
あなたのおなじみの定番に、もうひと手間のヒントとしてプラスしてもらえるといいのですが…

24　ゆるめウエーブの巻き方ぜんぶ
基本型としてマスターしたら、ロッドを変えたり巻きを変えたり、組み合わせを変えたりしていけば、
あなただけのオリジナルパーマが見つかります。だからひとつひとつ巻き方を覚えるというより、
どこに〜なんのために〜を理解することがポイント

40　nuance style　流れるようになめらかな上質のナチュラル
パーマってゆるゆるクルクルしてるもの、という思い込みがデザイン提案の幅をせまくしてしまっているのかも。
スタイリングを楽にする… ボリュームをコントロールする、フォルムを際だたせる… つや感をアップする…
パーマにできることはもっとたくさんあるのに

54　流れるウエーブ巻き方ぜんぶ
これまでならカットだけで、と考えてきたシルエットも、実はパーマの手助けがあると
クオリティが断然違ってきます。巻き方はいたってシンプル。
応用範囲がとても広いので、重宝することうけあいです
★おまけ：メンテナンスカット、メンテナンスパーマ

70／92　cute&casual　パーマでなくちゃっ！のウエーブ＆カール
パーマだからこそできる、パーマならではの質感の魅力をふんだんに。
ここにはふわふわも、クルクルも、くしゅくしゅだってツンツンだってご用意してあります

80／102　パーマでなくちゃっ！の巻き方ぜんぶ
なんとなくミックスしたり、複雑に構成しているように見えるかもしれません。
でも、よーくよく見てください。規則や法則はひそんでいます。わけあってこう巻いて、こう組み合わせて…
そのわけが発見できたら、パーマ上手への入り口は、もうそこです
★おまけ：ウエーブを起こすスタイリング

パーマをもっともっと楽しくするための、5つの約束

34　apish rule 1
本日のロッドをそろえさせていただきました　［おもてなしのヒント］

36　apish rule 2
パーマ剤の使い分け、処理剤の使いこなし　［ダメージ対策のヒント］

66　apish rule 3
足し算と引き算で考えよう　［デザインのヒント］

100　apish rule 4
こうやってパーマはサロンの財産になる　［教育・勉強会のヒント］

110　apish rule 5
ヘアスタイルの年間計画をつくろう　［提案プロデュースのヒント］

38　welcome to apish　眺めのいい場所
68　one day apish　光と風の空間

113　line up
およそ1か月のインターバルで、違う質感のパーマをかけました。
並べ較べると、いろんな発見がありそう

126　Thanks　クレジット

→ → where is she going ?

パーマをかけたい！と思いたったら、おんなのこは、期待に胸をいっぱいにしてあなたのサロンをめざします。　　　さあ、最上級のおもてなしで

go to apish!

［きれい］［かわいい］パーマをかけて、おんなのこの希望をかなえてあげなくちゃ。　　スタンバイはOKですか？

01*
>> go! page 25

03*
>> go! page 25

04*
>> go! page 32／33

05*
>> go! page 28/29

06*
>> go! page 26／27

08*
\>\> go! page 24

ロングロッド＋ロング円すいロッドのコンビネーション

スーパーロングヘア限定におすすめのパーマです。
微妙なミックスはこんなにシンプルな2種類の巻きでうねらせて

顔周りは巻かずに残して

根元にボリュームはいらないので巻かずに残して

ロング円すいロッドには、ツイストしないでフラットウエーブを

毛先はすべてロッドの外にはずして

ロングロッドには毛束をツイストさせて巻き、立体感を

08*
<< back！ page 22／23

point one >> 間引いた毛束、はずした毛先には…
巻き終わって、パーマ剤をつける前に、酸系［フルーツ酸やリンゴ酸入り］のトリートメントで保護を。
表面でパーマ剤をはじくとともに、内側から酸の働きで保護されます→go! page 54、page 87、page 89

ひとつのロッドで、巻きは一緒。でもこの違い。

ロッドの形状や太さや数によって、できるウエーブは違ってくる。たしかにそうだけど。
そうとばかりは言い切れない。たとえば…

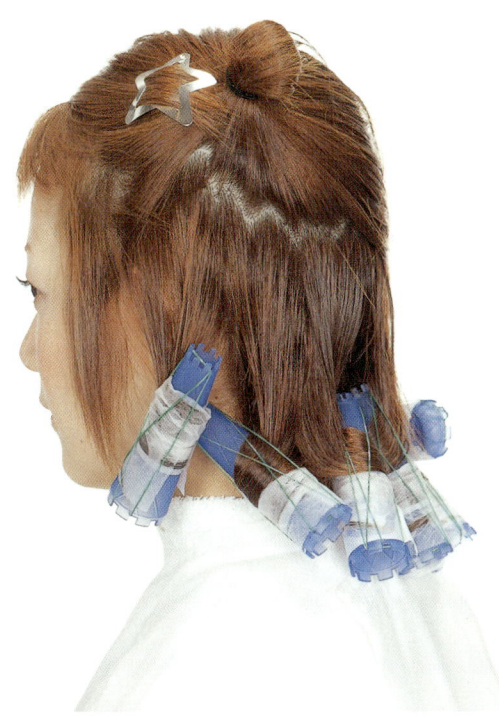

03*
<< back！ page 12／13

パートはジグザグ。アンダーセクションの毛先だけ。
毛先のうねり感だけなのに、スタイル全体のシルエットが
やわらかくなるからパーマって楽しい。
アンダーセクションは長く薄く。
オーバーセクションは、丸くやわらかく、つなげないカットです

01*
<< back！ page 8／9

ボブベース。ジグザグパートでトップをとりわけ、ミドルセクションに6本。
巻かずに残す部分はストレート、
根元をあけて毛先は逃がしているから、ここもストレート。
中間部のところどころにニュアンス

ロッド3種×巻き3種＝ミックスウエーブ

不規則なようでいて、よく見ると法則が見つかります。
目的がわかれば、長さやカットベースに合わせてロッドを変えてみたりしてください

06*
<< back！page 18／19

肩につく長さは、ネープの表情がシルエットを決めます

つい表面の質感にばかり目がいくのがパーマ。
でもほんとうは、一番大切なのはシルエットとバランス。肩につく長さならネープに注目

正面から見ると、2種類の円すいロッド×毛先逃がし＝動きにしか見えませんが…

point two >> デンジャラス・ゾーン

バングにパーマをかけない場合のこめかみがけっこう重要。apishではここをデンジャラスゾーンと呼んで警戒しています。
ギャップが極端だと似合わせがつらくなるので。ここではこめかみの毛束をすこし長く残したのが工夫。→go! page 87、page 106

ネープに注目すると。
平巻きでしっかり巻き込んで
ボリュームアップ。
ふんわりやわらかい
立体感を出しています

05
<< back! page 16/17

レギュラー3種＋ビッグ＋ロング円すい2種×巻き2種

レギュラーロッドでボリュームをコントロールしてシルエットと毛先の表情を作り、
ロング円すいロッドで、ゆるいウエーブを

07＊
<< back！ page 20／21

ちょっと見たところ、複雑な構成に見えますが、よくよく見てください。
ロング円すいロッドはすべて毛先流し

レギュラーのオレンジは
ロング円すいで巻いた
毛束の左右に残った部分を外巻き

ネープを首筋に添わせながら、
毛先だけややハネのやわらかさを出す外巻き

右サイドから左へいくに従って、
徐々にロッドが太く[ウエーブ感がゆるく]なっていく

ミドルセクションは毛先を逃がして、巻かずに残す
アンダーセクションとナチュラルにつなぐ質感

トップはフォワードで根元を立ち上げ

耳前は外巻きでハネ

首筋に添いながらゆったりややハネ

トップは毛先を入れてボリュームアップ

02*
<< back！page 10／11

放射状にロッドを配置しながら
ナチュラルなアシンメトリー

シンメトリーなカットベースに、アシンメトリーなパーマをかけると、
カンタンに片側になびくスタイリングができて、楽しい

スパイラルに流す幅を変えて、ウェーブのニュアンスをミックス

短いロッドにフォワード
＝ちぢまったウエーブ

− Minus

ハチの内側はボリュームを
抑えたいので、
根元をかなりあけて

長いロッドにリバース
＝ゆるいウエーブ

耳横からうしろはゆるくたてに落ちる
ウエーブを交互にしてランダム感

＋ Plus

＋ Plus

ロングロッドでリッジを出しながら、たてに落ちるウエーブ

表面に出る質感は、スパイラルに流す幅を変えて、
ちぢまったウエーブとゆるいウエーブのミックス

04*

<< back！ page 14／15

apish rule 1

おもてなしのヒント

パーマのためには。もちろん知識と情報は必要。髪質も見きわめなければいけないし、ベースのカットはとりわけ重要。クリアしなければならない課題がたくさんあることはたしか。でも、あれができない、これもしなくては、とためらってばかりいたらいつまでたっても［きれい］［かわいい］ウエーブやカールでデザインできないことになってしまいます。基礎からやり直す＝大変すばらしいことです。一から出直す＝営業しながらだと、すごく高いハードルですよね。というわけで、できるところから一歩ずつ進んでいきましょう。

ささいな、でも、とびきりのおもてなし。

ちいさなヒントをひとつだけ。もし気に入ったらぜひまねしてください。
apishでは、アシスタントがかごの中にロッドをきれいに盛り付けて、［ご用意ができました。巻かせていただきます］と、お客様のもとへ持参します。まるでオープンキッチンのワゴンサービスさながらでしょ？　たったこれだけで、

なんだかその場の空気が楽しくなるような気がしませんか？　カラフルで形もさまざまなロッドたち。［このロッドで、根元のほうだけボリューム出すんですよ］［こう巻くと、毛先にゆるくウエーブがつくんです］。［前髪はストレートのまま残しておきますね］。鏡の中のお客さまと、パーマの話をしながら作業を進めます。巻かれるお客さまは、どちらかといえば不快か苦痛に感じがちなワインディングタイムなのに、なんとなく興味深そうに聞いているうちに終わっています。お客さまって、世間話より自分のヘアスタイルに関する話が大好きですし、アシスタントは、自分の仕事を説明することが得意ですから。まわりで、さりげなくながめているほかのお客さまにも、関心を持たれやすいような気がします。演出、といってしまうにはあまりにもささいな話ですが、サロンのあちこちでかご盛りセットが動き回っているのはきれいですよ。あと、ロッドオフするときも、かごに戻してラボへ運び、そのままじゃぶじゃぶ洗えますから、機能性も実証済みです。
あしたからどうぞ。

ロッドおひとり様分、かご盛りセット　　<< back！ page 20／21

apish rule 2

ダメージ対策のヒント

いまどきのカットは毛先が削がれていることが当然ですし、カラーも前提条件。何もケアしないでパーマをかけられるケースがまれ、とにかくなんらかの処置をしなければならないと考えてください。個人差は、それぞれのヘア履歴でとても格差があります。
しかも、髪は伸びますから、1本の中でも根元～中間～毛先で状態は違っています。もっといえば、ゾーンやセクションでカラーを塗り分けていれば、そこにも配慮が必要になってきます。こんなに複雑な状況ですから、まず、あしたのパーマ提案のために、必要最小限のおおよそをマスターしてしまいましょう。

分けて考える、
処理剤とパーマ剤を組み合わせてケアする

図を参照してください。個人差はあっても、髪質は3段階。
毛先が誰にとってもその人の一番弱くなっている部分。その間の中間部が境界領域。根元の新生毛は文字通り誕生したばかり、化学的にも物理的にも超健康。apishではダメージのレベルを10段階で評価します。健康毛は健康度10点満点！ でも10点満点の髪の毛がパーマやスタイリングにとってのベストかというと、そうでもなくて7くらいが適当。
いつでも中間の境界領域に合わせるようにケアをしていきます。

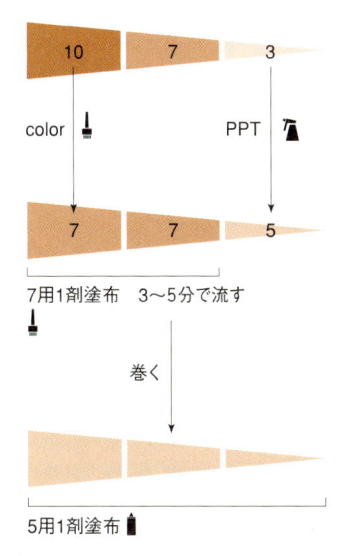

① 根元にカラーをいれて10→7へ
毛先にPPTを塗布して3→5へ
② 根元から中間の7に合った薬剤（チオ系）を刷毛で塗布、3～5分で流す
③ 巻く
④ 全体に、5に合わせた薬剤（シス系）を塗布

デザインで工夫する

カットもカラーもそうですが、全体に均一にする必要がないことを忘れないで。ふだんはそう思っていても、さあ、久しぶりにパーマをかけようというときに、ついまんべんなくとか、むらなくとか思ってしまうことがありそう。まじめな人ほど。

髪の毛と相談しながらデザインすればいいと思うんです。傷んでいる部分には無理させない。表面の傷みが気になるようなら、アンダーセクションだけで［← back! page 25］、毛先が弱っているみたいだったら、根元から中間、あるいは根元だけ［← back! page 24　→ go! page 80］。全体に弱っていたら必要最小限だけにケアしながら［→ go! page 84］。そうやって素材をいたわりながら柔軟に発想すれば、全体に均一にパーマをかけるより、あたらしい質感やフォルムに出会える可能性、オリジナルなデザインを発見する可能性は広がるんじゃないかな。

welcome to apish
眺めのいい場所

いっくら忙しくても、階段の駆けおりは×。だって、あぶない（のぼりは2段飛ばしでも○）

時間を守ろうね［五右衛門の係りはdai］

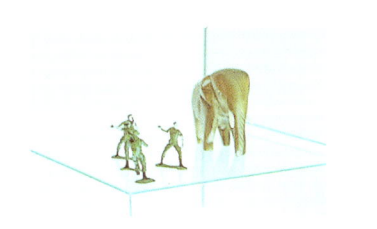

いい樹だ。伸びてる

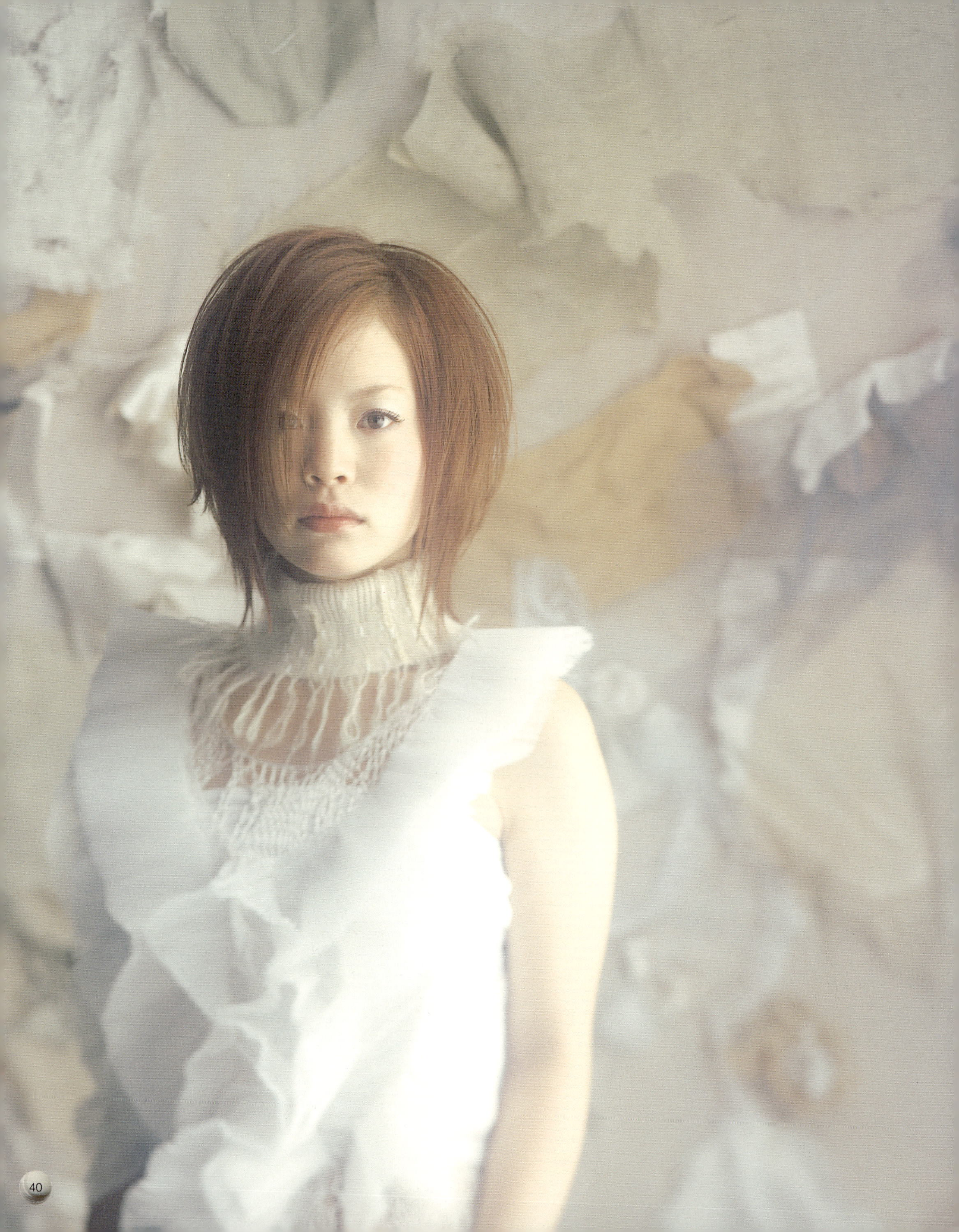

09*
>> go! page 58/59

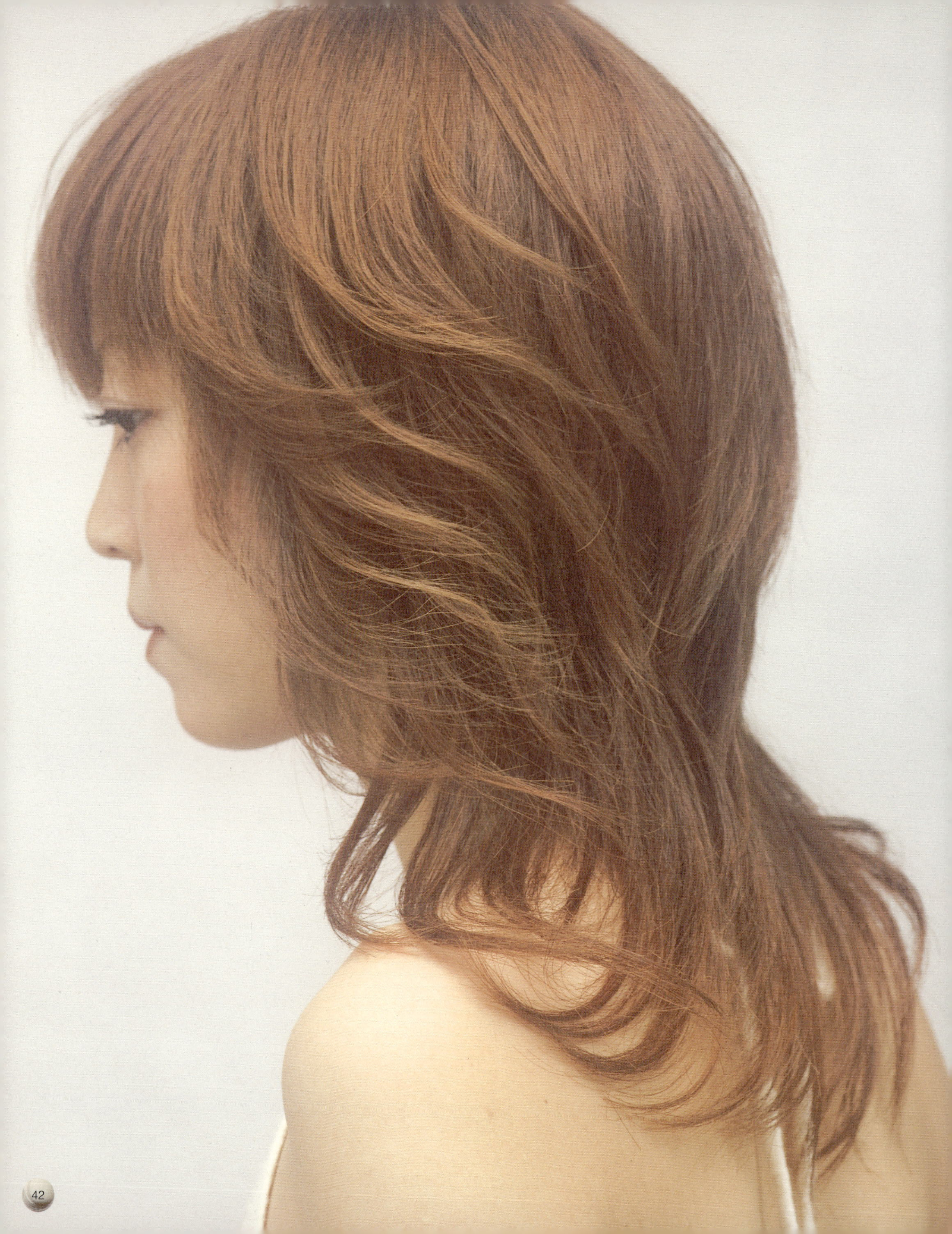

10*
>> go! page 62/63

11*
>> go! page 64/65

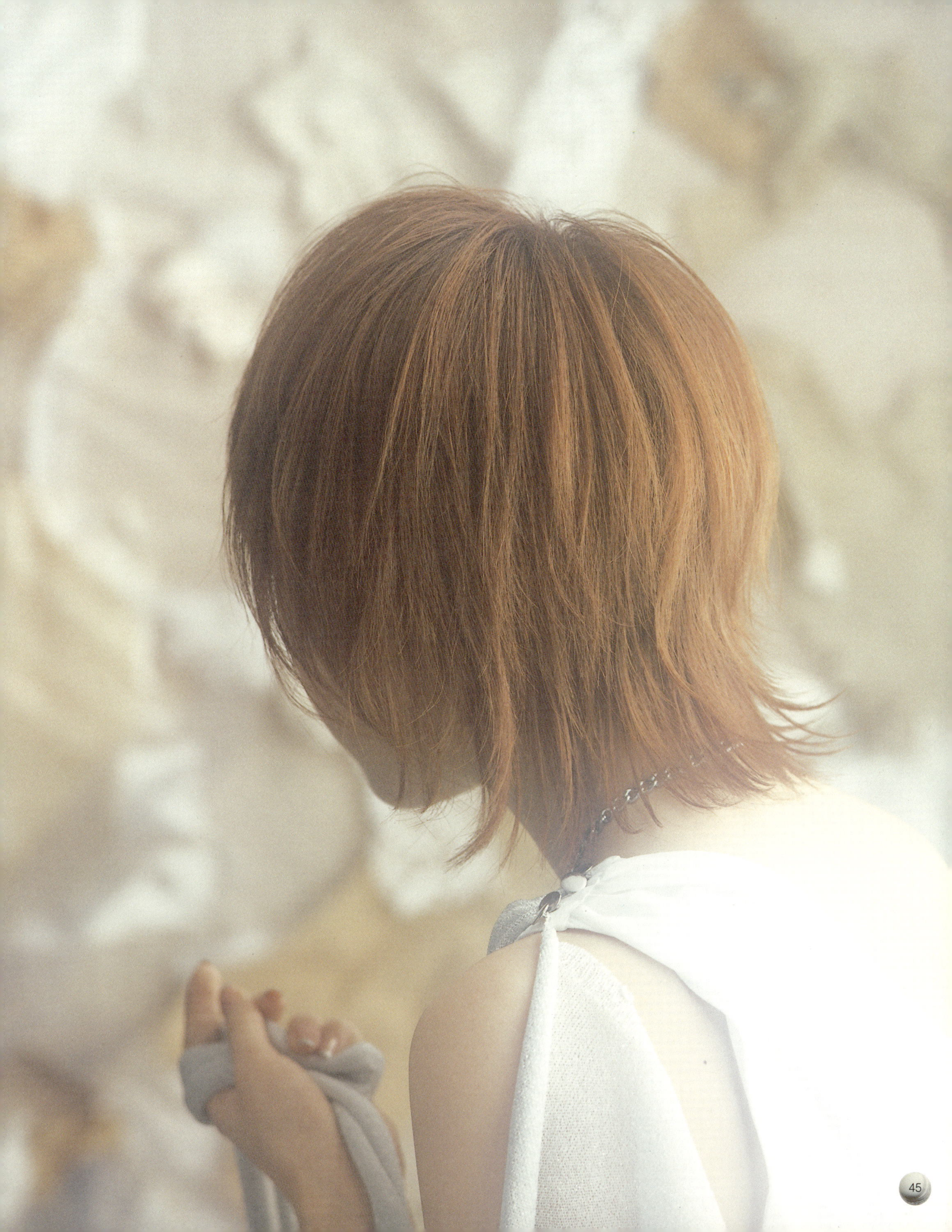

12*

>> go! page 57

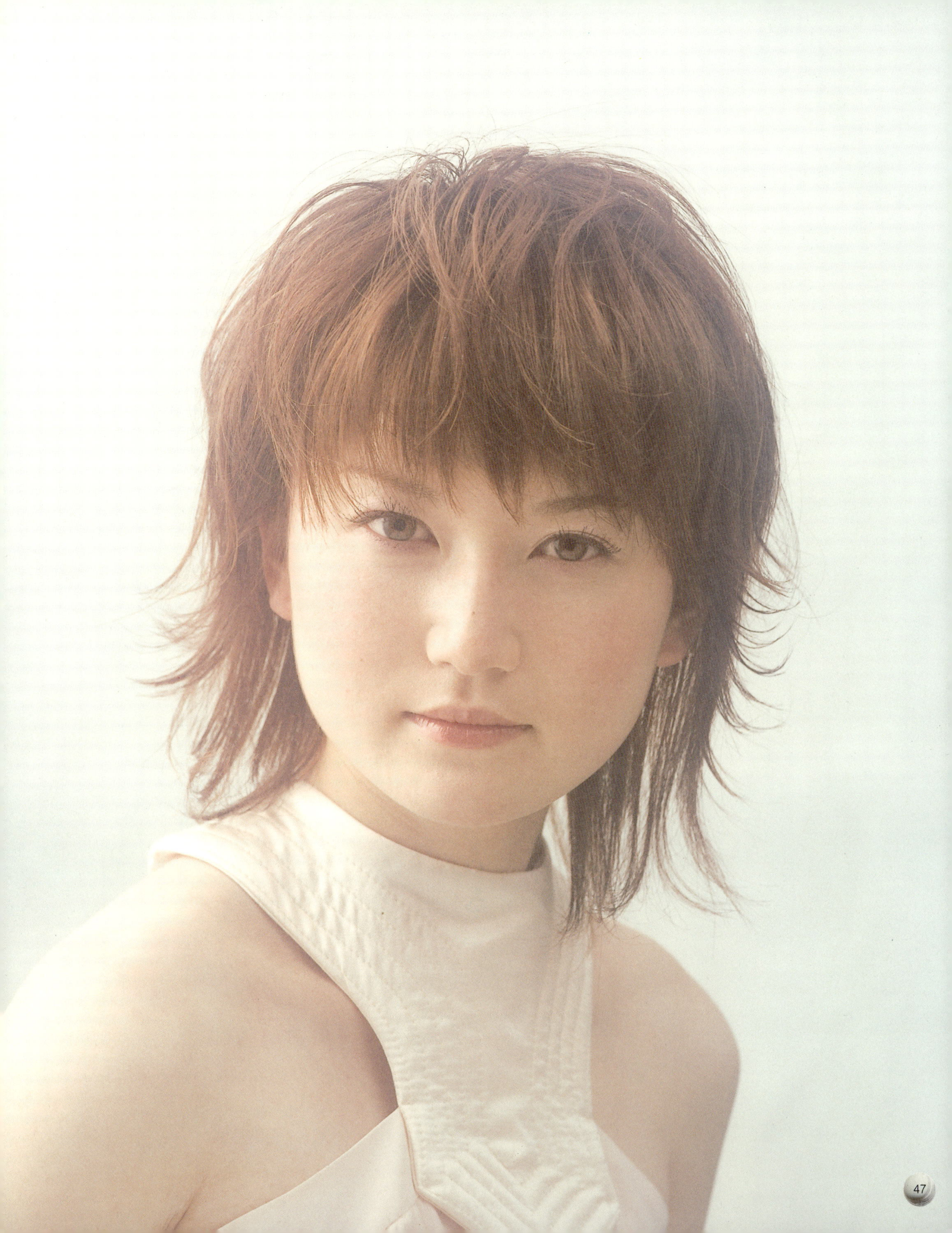

13*
>> go! page 54

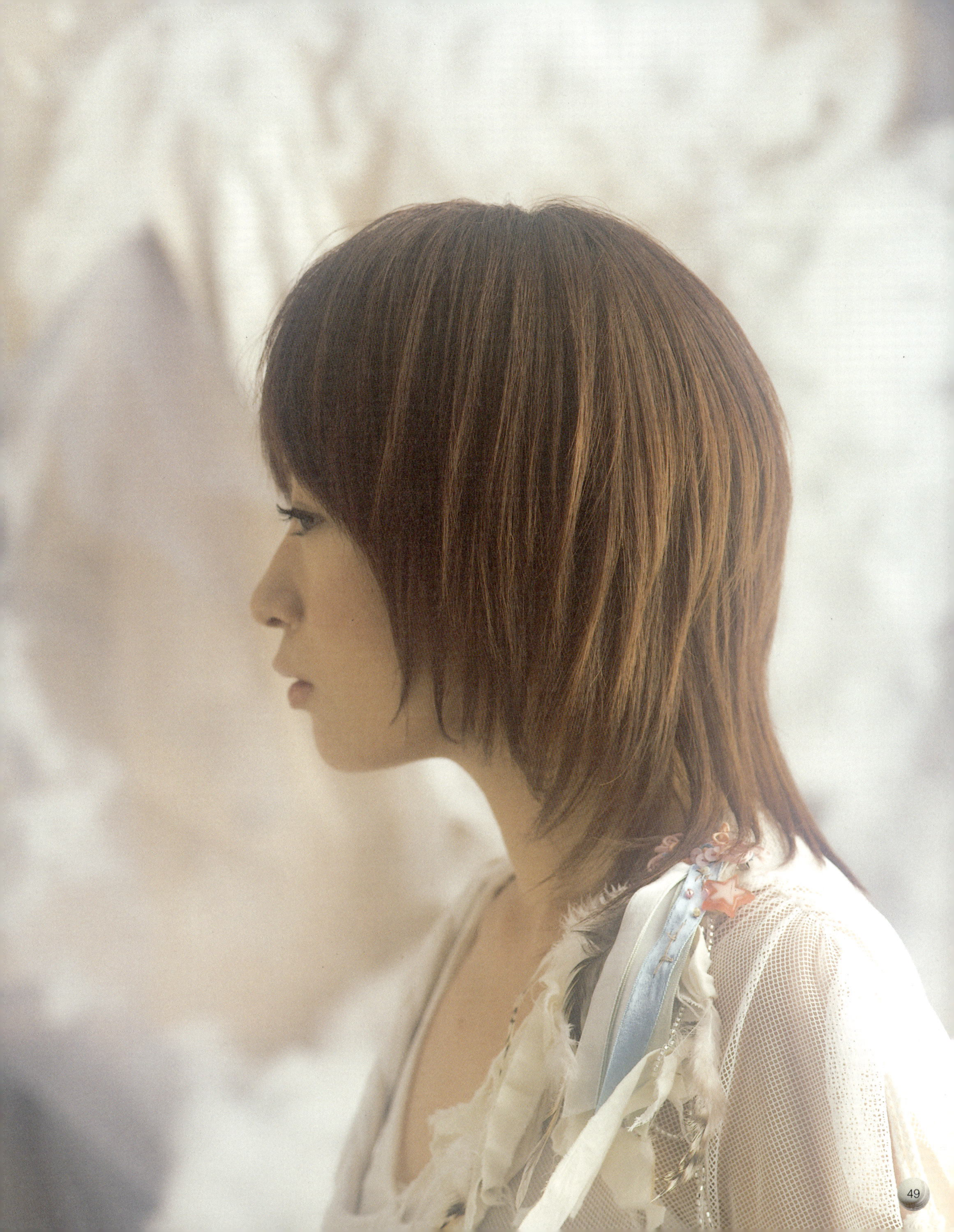

14*
>> go! page 55

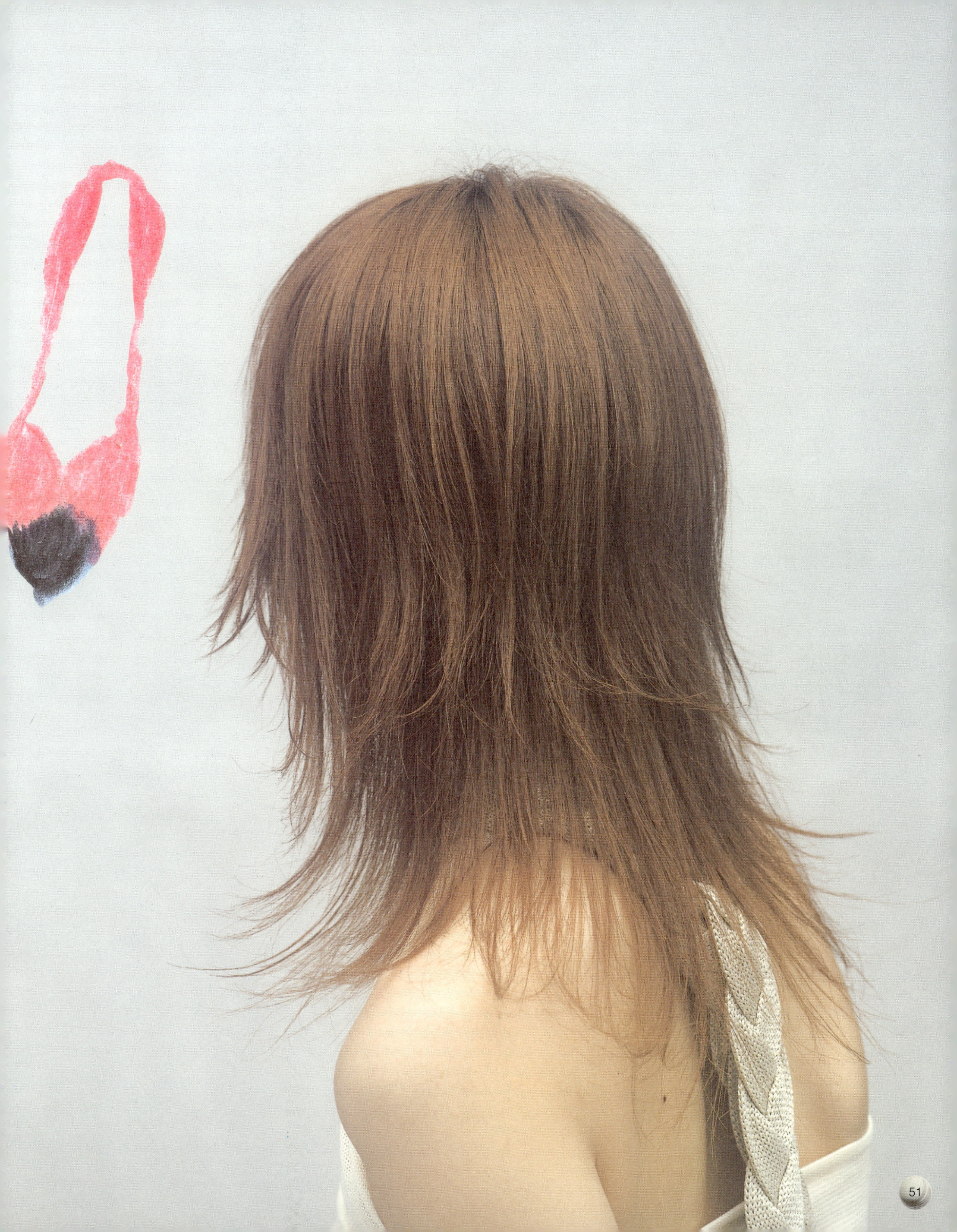

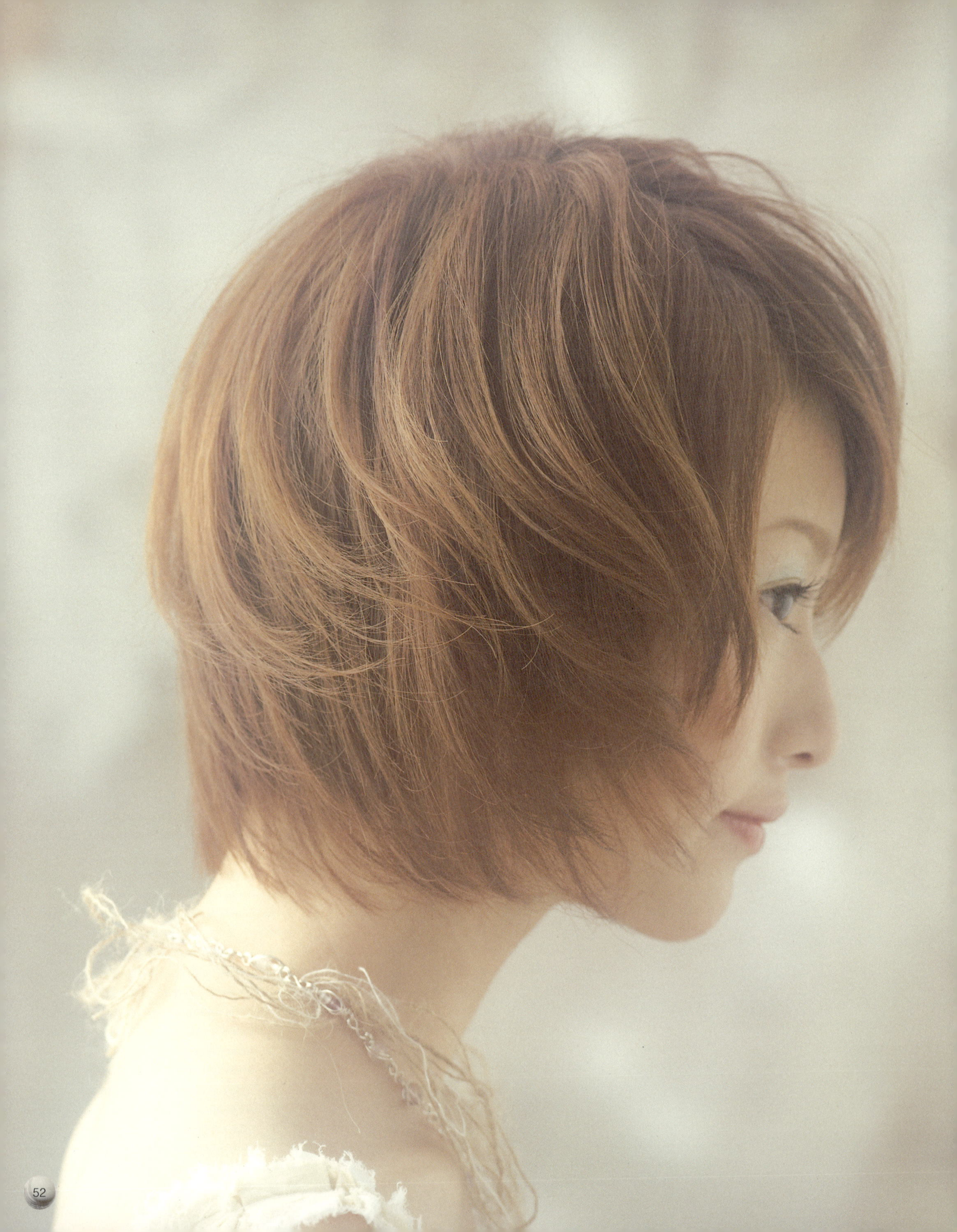

15*
>> go! page 56

方向性をそろえて、つや感アップ

だれしも、ちょっと見ただけではわからないくらいのクセや毛流れの乱れはあります。
ストレートパーマでぴっしりまっすぐにするより、方向性さえそろえれば、
スタイリングもラク、つや感もアップします

ぜんぶ内巻き－間引いて巻かずに残す＝ナチュラル！

間引き

13*

<< back！page 48／49

ほとんどストレート。外へ上へなびかせるだけ

カットだけでも出せないわけではない質感。ただし、すごくスタイリングがむずかしくなって、
あきらめてる人が多いのも事実。超ビッグロッドの出番です

ぜんぶ外巻き。風に吹かれるのが楽しみになる質感

トップの毛先だけ
少し逃がしてナチュラル感

14*

<< back！ page 50／51

55

ボブを、もっともっとボブらしくしたいとき
切りっぱなしのボブとはひと味違うやさしさ、やわらかさのあるフォルムはパーマの仕事

バングはピンパーマで流れを

ミドルセクションはやや毛先を逃がしなら巻きこみ。
大きな方向性とボリュームアップ

フレームラインはやや細く落として、毛先巻き。
収まりをラクにします

15*
<< back！page 52／53

レイヤーカットの表現をちょっと強調したいとき

前後にツーセクションに分けて考えます。
正面からは動きがほしいし、バックには自然な凹凸がほしいので

ロングロッドはスパイラルに巻いて、顔周りに動きと表情を

その他はすべて毛先巻きで、
ステムを変えてボリュームコントロール。
耳前だけ逆巻きでちょっとハネ感を

12＊

<< back！ page 46／47

まるみのあるフォルム＋つや感アップ
プラスマイナスの計算でシンプルにフォルムを作ります

＋ Plus

トップ、バック、サイドに
ボリュームとやわらかさをプラス

アンダーセクションは
ボリュームをマイナスしたいので、
粘性のある薬剤で抑える

― Minus

09*

<< back! page 40／41

59

メンテナンスカットでつや感をとりもどす

傷んでしまった髪と、傷んだように見える髪は実は違います。傷んだ髪のケアと
傷んだように見える髪のケアも変えるべき。ここでは［傷んでいるように見える髪］のメンテナンス法を

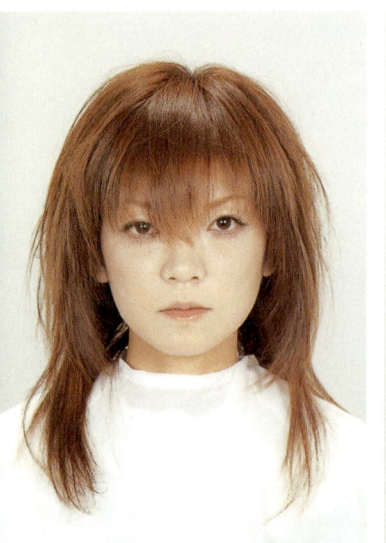

10*

<< back！ page 42／43

before

長さ＋フォルムキープ＝最小限のカットで最大限の効果
［ほら、さわってごらん］といってあげたくなる感触です

after

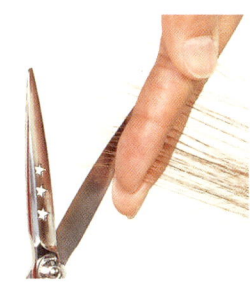

1. ペラペラを切り落とす

毛先が不揃いで細すぎるため、傷んだように見えます。
シャギーなタッチは残しながら、アウトラインの細くなりすぎている先端［5ミリだけ］をブラントカット。
すべての毛先をカットすると、たった5ミリなのに、毛先の表情がよみがえります。指通りも断然違ってきます

2. パサパサをとりのぞく

髪を下に引きながら、表面にポツポツ飛び出している毛を、下から上へ、
刈り上げるようにカットします。シザーズを開閉しながら表面全体をなぞっていきます。
表面が整うだけで、劇的につや感がよみがえります

3. 開閉はスピーディに

下から上へ、下から上へ、一列ずつ。半分終わったら、
実際に左右に指を通して、手触りを較べてもらいましょう。
見た目だけではない効果に気づいてもらうことも大切

メンテナンスパーマでイメージチェンジ

P18で紹介したスタイルから1か月。まだそのときのパーマのなごりがあります。
でもそのままOKというわけではないし、ちょっと気分も変えたいし。
顔周りで印象を変えながら、ダメージも最小限に

サイドをロングロッドでリバース巻き。
毛先は流して

バックはこれまでのパーマを
生かすので、とりわけておき

10*

<< back! page 42/43

まるみのあるフォルム＋毛先のハネ
間引きがポイント。そろいすぎない表面の束感、遊びのために

11*
<< back！ page 44／45

巻きこみでボリューム感

間引きは薄く残す感じで

バックとネープは
クルンとさせたくないので、
ちょっと毛先を逃がして外巻き

65

記号化してデザインする

apishでは、カット、カラー、パーマ、スタイリング。どの場面でも、デザインを［プラス］と［マイナス］で考えます。

たとえば、ひし形のフォルム操作のバランスを、プラスとマイナスに記号化すると右図のようになります。トップ、サイドはボリュームが必要なので［プラス］、ハチまわりや耳下はボリュームを抑えたいので［マイナス］。あるいは1本の髪の毛の中でも、毛先のように動く部分は［プラス］、根元の動かない部分、中間のストレート部分は［マイナス］。

パーマとの関係でいうと、パーマをかける部分は［プラス］、かけずに残す部分を［マイナス］。

カットでプラスした部分にパーマをかけて、プラス＋プラスの相乗効果。スタイリングでボリュームをコントロールして動きを強調するとさらにプラス。プラスを重ねていく部分とマイナスする部分とのメリハリが、ヘアスタイルの立体感をつくります。

毛束の根元を強く巻き込んで、毛先を逃がした場合、根元がプラス毛先はマイナス。根元をあけて、毛先を巻き込んでいれば、根元がマイナス、毛先はプラス。この本をもう一度めくって、確認してください。トップは根元まで巻き込んでプラス、ハチまわりは根元をあけてマイナスしていることがわかるはずです。

［← back! page 27、page 32、page 59 ★ ほかにもたくさん。自分で見つけよう！］

ひし形フォルムにおけるプラスとマイナスの関係

apish rule 3

デザインのヒント

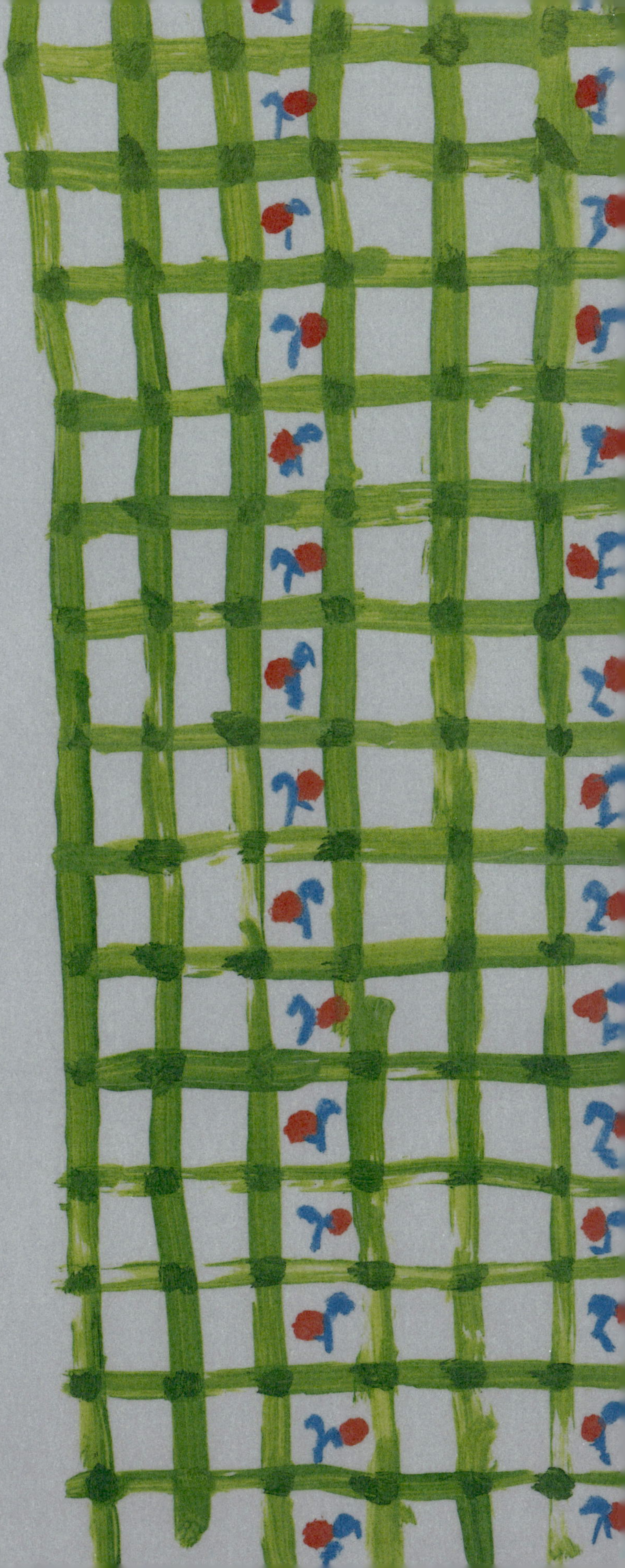

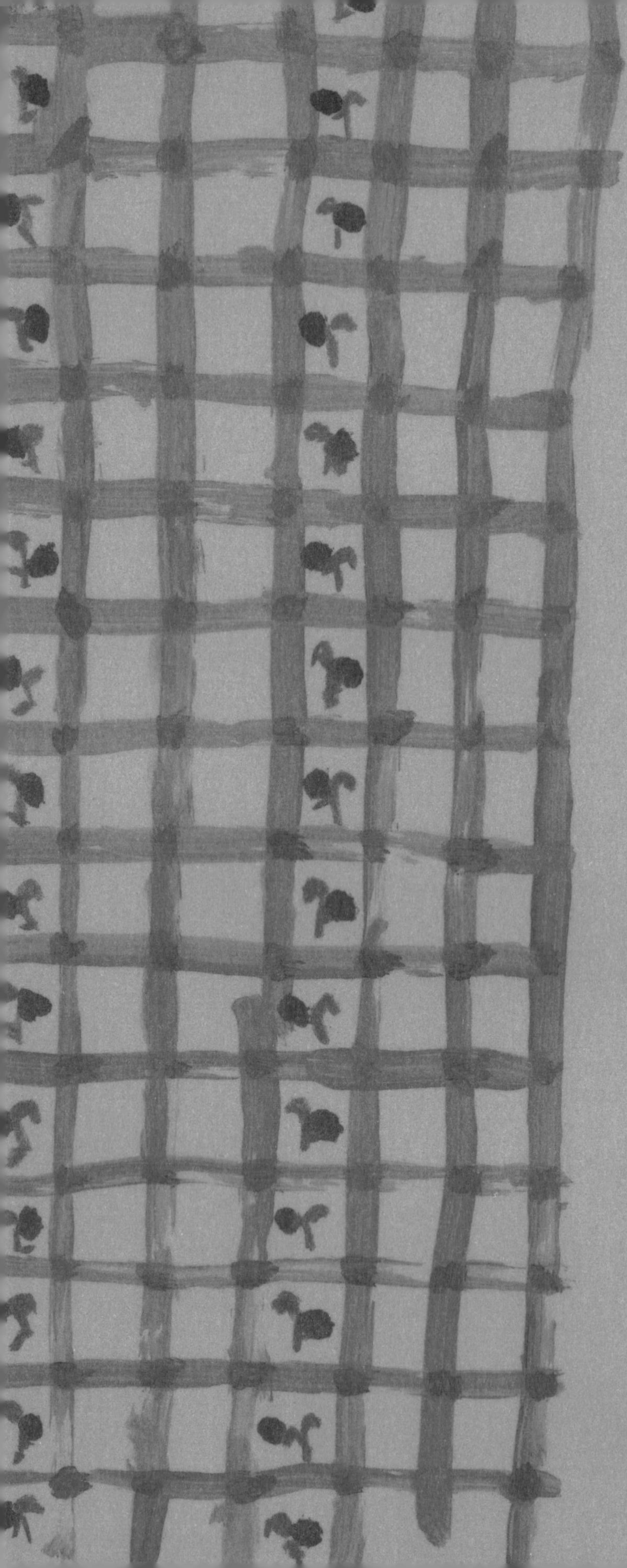

マイナス発想からのスタート

パーマには、それ自体にプラスの機能があります。かけることで動きをプラス、ボリュームをプラス。どこにかけようか＝どこにプラスしようか、という意味。ここから足し算で発想していくと、どうしても、ふくらんだシルエット、広がったデザインになりやすい。それを避けるための法則が［まず引いて→それから足す］。

ぼくはまず、パーマが必要じゃないところを探し出すことから始めます。ボリュームがあっては困るところ、ボリュームがでやすくて気をつけたほうがよい部分、引き締めて立体感をつくるためのポイント、似あわせのためのフェースラインの扱い。ここはかけない、と見きわめていく過程で、どこにどれくらい足したらよいかのバランスが発見できます。かけないで残す部分を特定することで、かける部分の自由度も高まります。引いてから足す。apishでは、マイナス発想からのスタートと呼んでいます。

以前、パーマスタイル＝あたま全体に均一に巻く、という時代があったために、あるいは、パーマの巻きの練習の第1歩が、全体に均一に巻く、という常識があるために、［巻かずに残す］ことへのためらいや違和感を持つ人も多いようです。でもこの本では均一に巻いた例はありません。apishの現場で登場しないからです。

［巻く］ことが作業にならないために、巻き始めたら［巻き］に集中できるように、デザインの基本構造は、引いて→足して、マイナス発想からスタートしましょう。

シャンプーブースで仰向けになると、ルパンと目が合う

2匹からどんどん増殖して、3世代になったグッピーたち。一番右が赤ちゃん。飼育係はken

one day apish
光と風の空間

お茶したくなるオープンデッキ。ここの植物担当はamino。すごくいい笑顔でゆっくり水やりしていて、楽しそっ!

16*
>> go! page 104/105

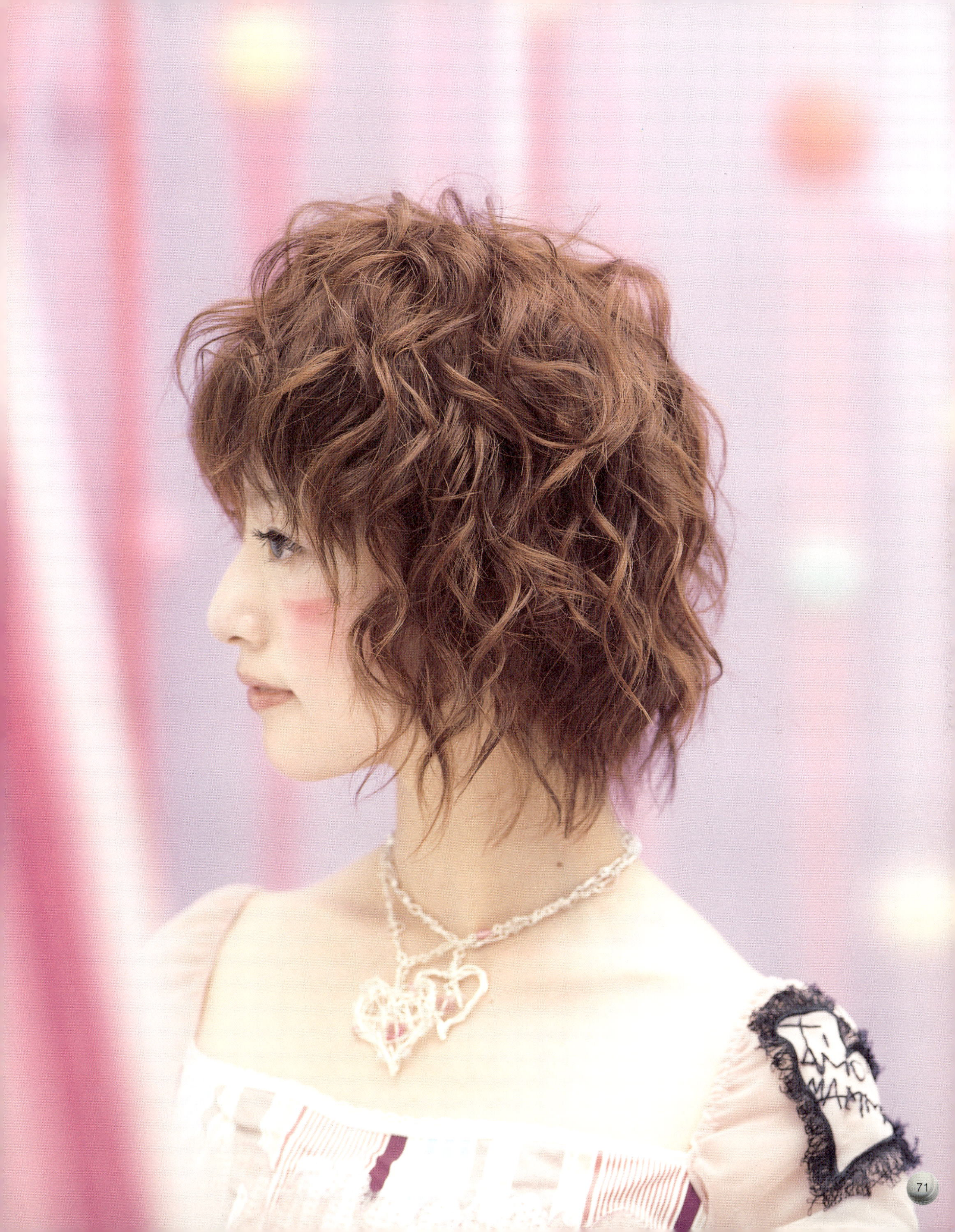

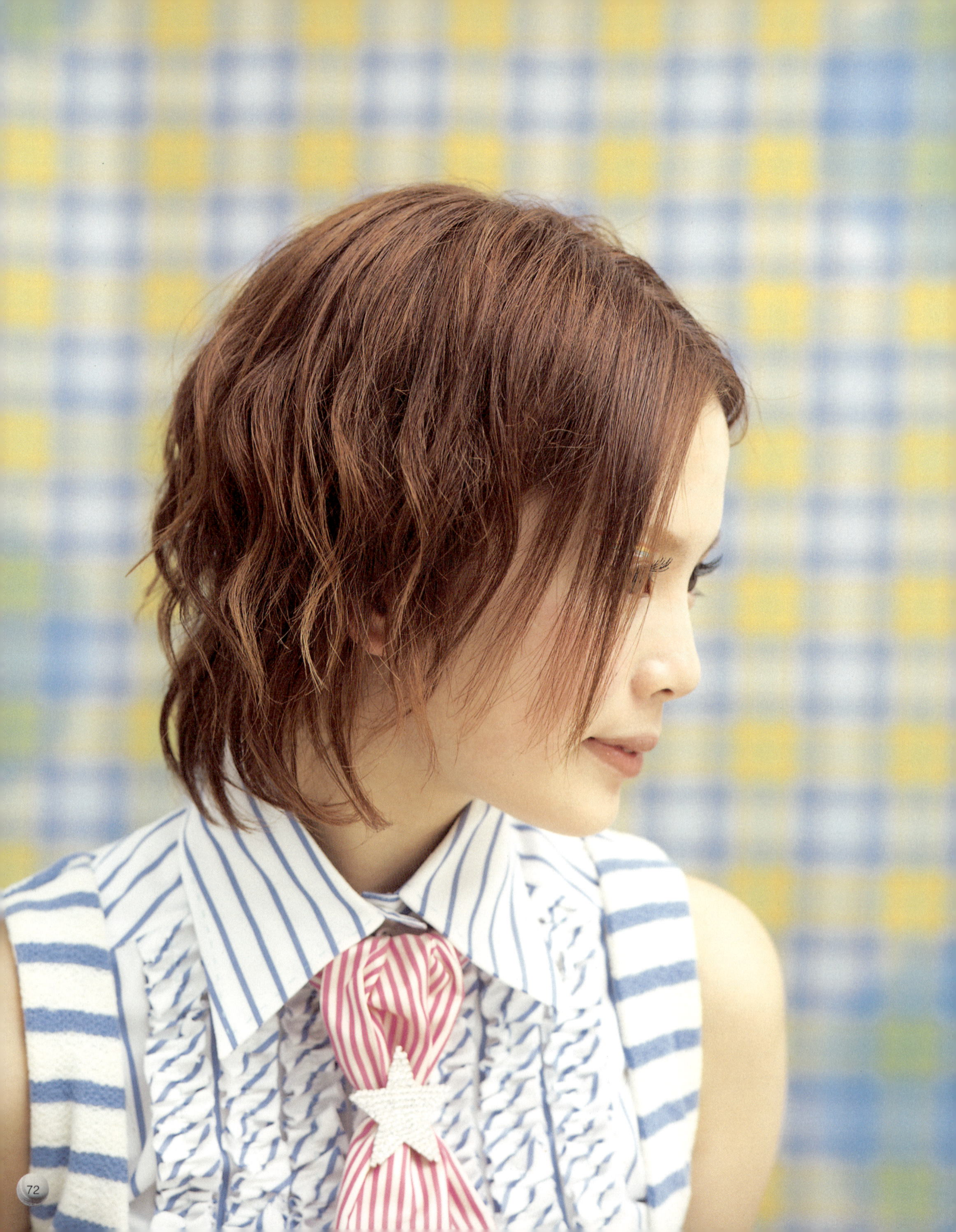

17*
>> go! page 86/87

18*
>> go! page 90/91

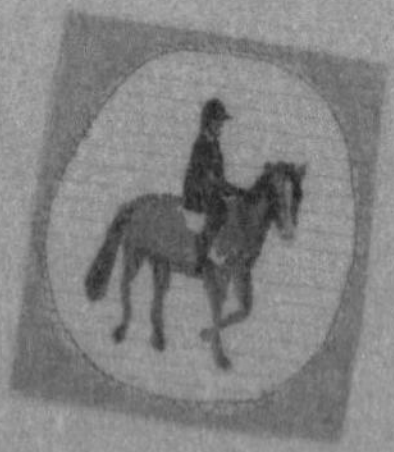

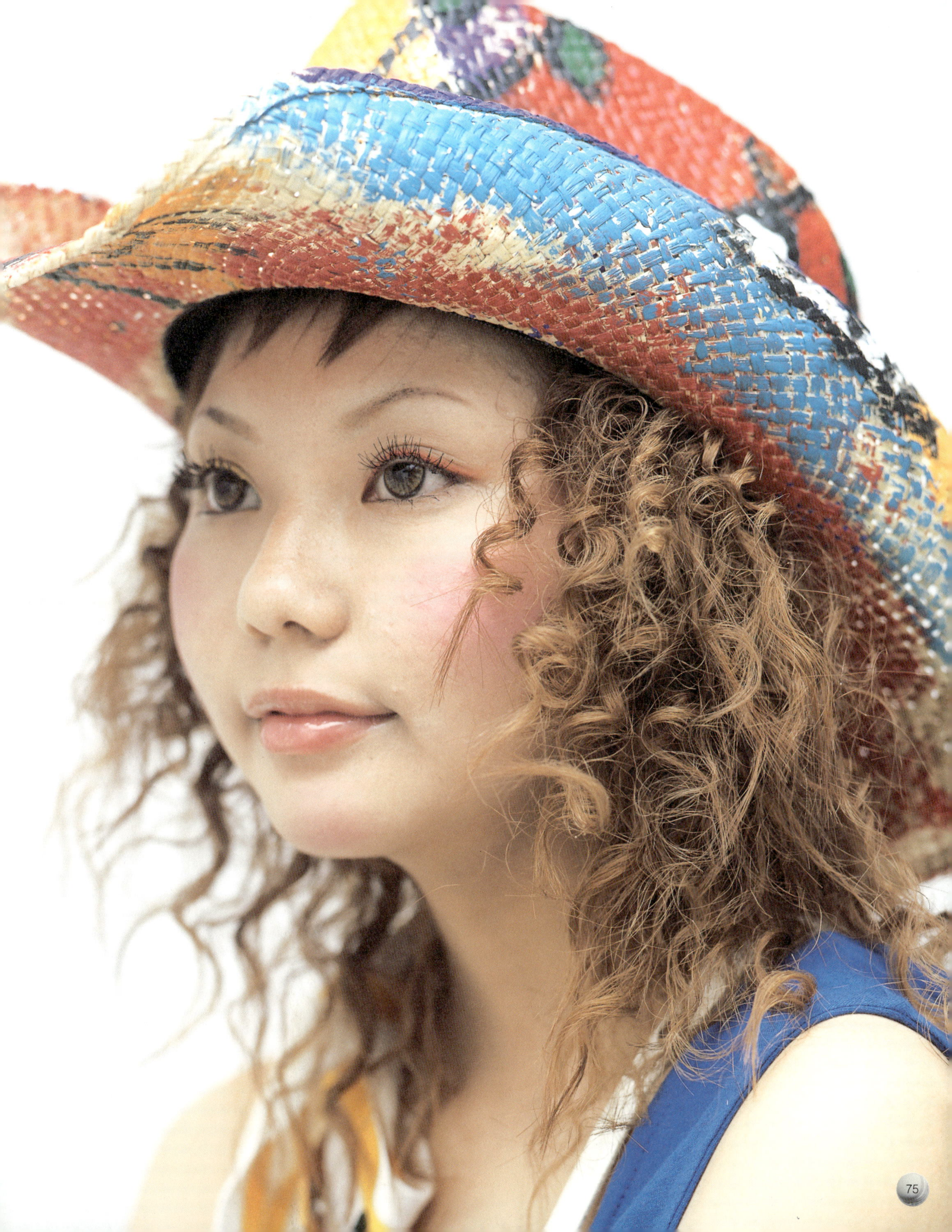

19*
>> go! page 84

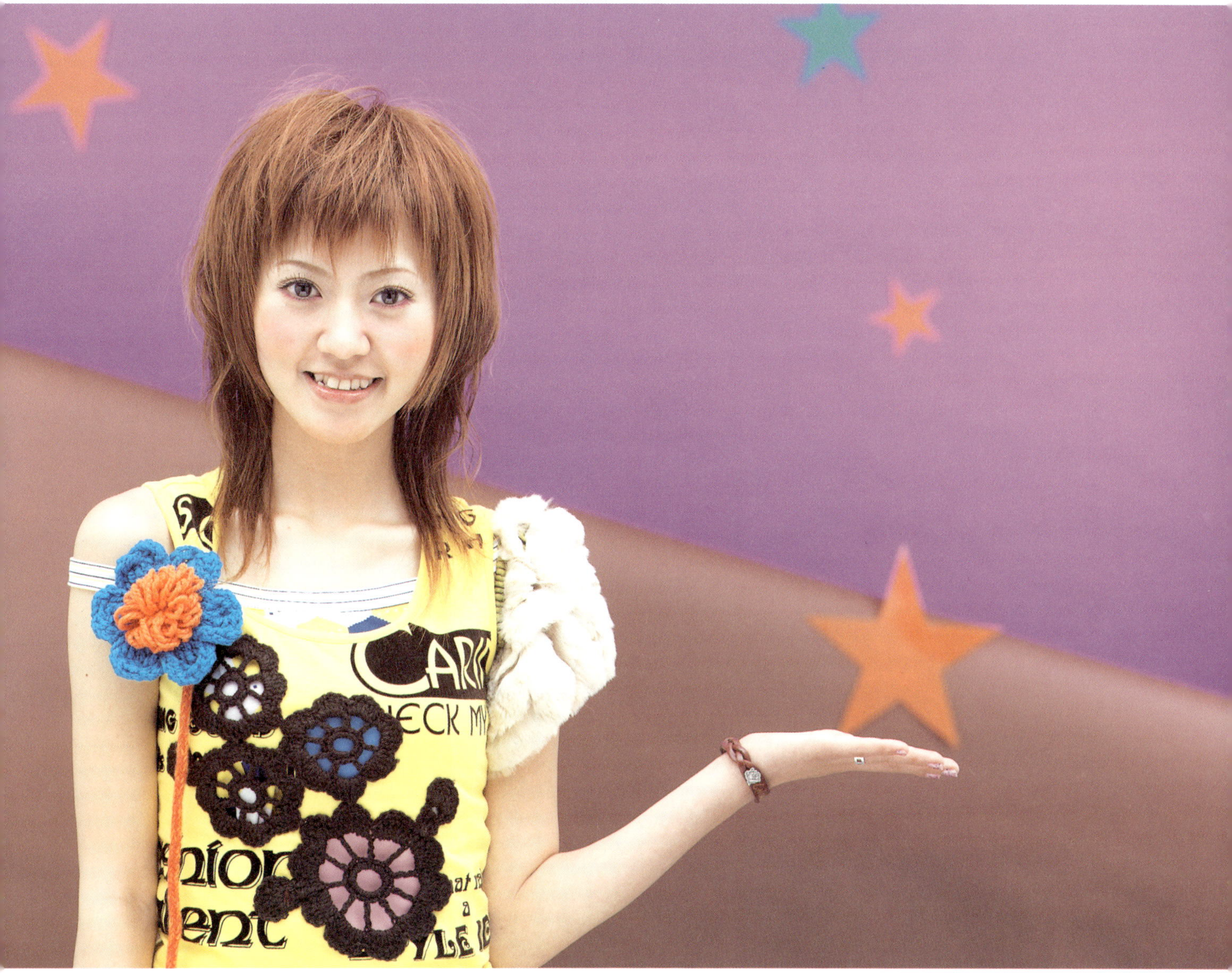

20*
>> go! page 106/107

79

必要なところにだけ、パーマをかける

トップをツンツン立たせたいので、リフトアップのピンパーマというのはけっこう定番だと思うけど、トップが立てばそれでいいかっていうと…

2つの目的。①ストレート部分とのつなぎのぼかし。②後頭部のまるみのため。なじみがよくなって、質感同士がけんかしないためのサブとして絶対必要

立ち上がりがほしい、カール感はいらないので、根元を1回ねじってリフトアップのピンパーマーところどころ間引き。これがメイン

21*
>> go! page 92/93

ダメージレスなイメージチェンジ

P80のパーマから約1か月。ネープもだいぶ長く伸びて、まったく違うシルエットにカット。カラーもチェンジした。前回パーマをかけたトップをよけてデザインすれば、イメージが変わって、ダメージも最小限

← トップは前回のパーマのなごりがあるのでかけない

かけない部分とのつなぎにピンパーマ

根元からフォワードに巻きこみ、毛先はロッド内に逃がして

23*
>> go! page 96/97

シークレットパーマと呼んでください

6本だけ。ほとんどがストレート［ミドルセクションの7割］のさらっとしたラインの中で、ときどき見えかくれするウエーブ。apishでもかくれた人気の一品です

19*
<< back！ page 76／77

ミドルセクションに、
ストレートとなじみがよいように
根元をあけて、毛先を逃がして

apishオリジナルのジョイントロッド。
2本のロッドを組み合わせて、ロングの円すいの形状に作り、
コットンを巻きつけ、PPTをしみこませています

point three >> コットン効果
コットンにしみこませたPPTは、1剤とともに膨潤した毛髪内部に浸透して内側から効果を発揮し、リッジの表現に効果的。
コットンだけでも、パーマ剤をしっかりキープするので液だれが少なく、巻かずに残した髪の毛への影響をくいとめます。

円すい2種＋ロング1種＋レギュラー1種×たて巻き横巻き―間引き

ゆるいウエーブの表面に、ストレートが筋状に。根元の表情を、それぞれのロッドの形状と合わせて比較すると、円すいの効果がよく見えます。円すいvsロングvs間引きの質感をじっくり見よう！ さ、すぐに巻いてみよう！

← ネープは巻きこみ

17*

<< back！page 72／73

page59から1か月。＋－を逆にして
イメージチェンジ

— Minus

＋ Plus

ところどころ間引き。
ここにはトリートメントを塗布して保護

顔周りは、まったくノンパーマ。
質感の2面性のお楽しみのため

円すい3種＋レギュラー×ぜんぶ平巻き

円すいの平巻きは強いリッジがでやすいのでおすすめ。
径の太いvs細いの向きが交互に組み合わさっていることにも注目してください

22*
>> go! page 94/95

ネープだけレギュラーロッドで毛先から巻きこみ

だえん2種＋レギュラー2種×毛先は入れたり逃がしたり
フォワードvsリバースを交互に配置して

表面に出てくる部分にだけ、アクセントのだえん

ぜんぶスパイラル巻き。毛先はロッド内で流したり、
ロッドの外に逃がしたりがメイン。ときどき巻きこみ

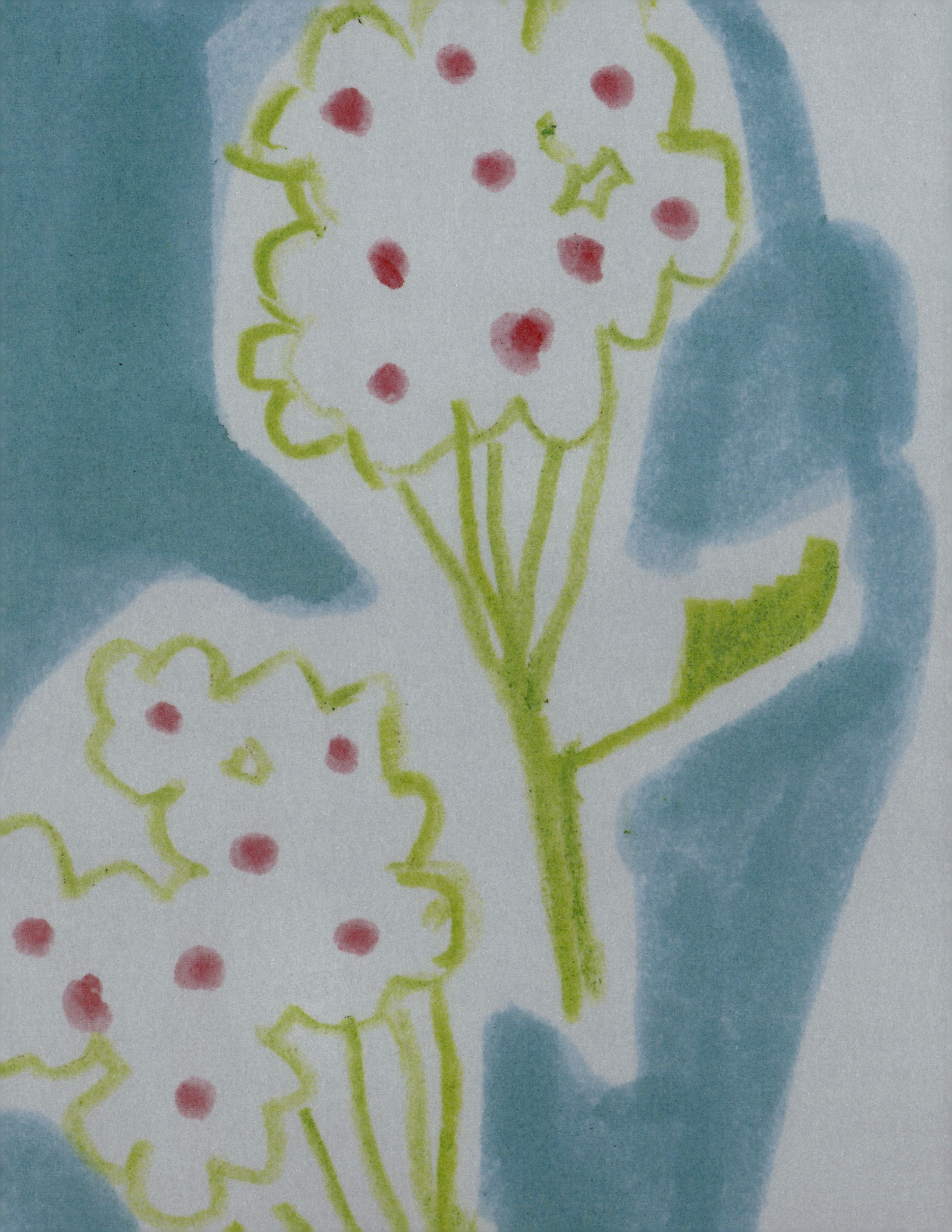

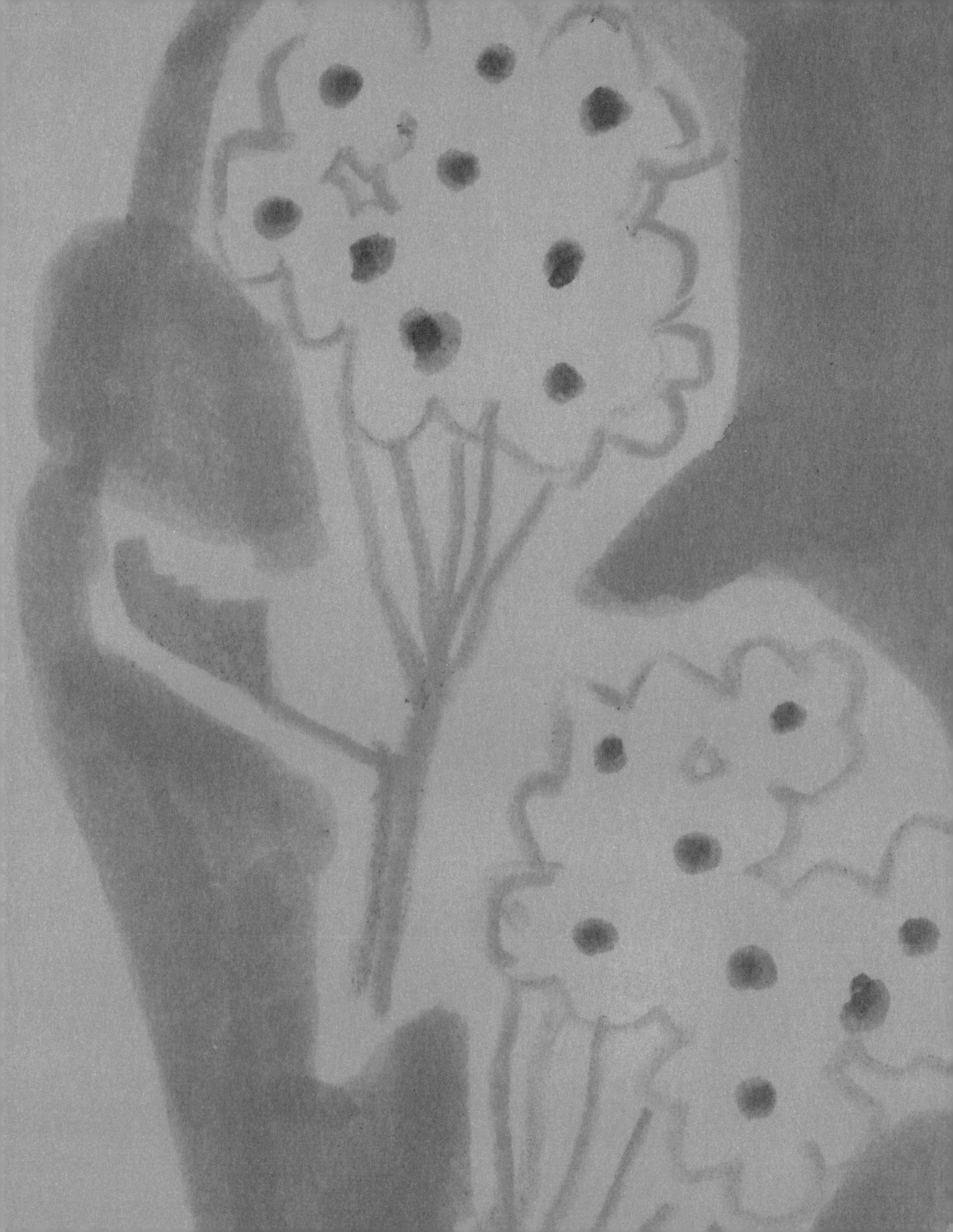

18*

<< back！page 74/75

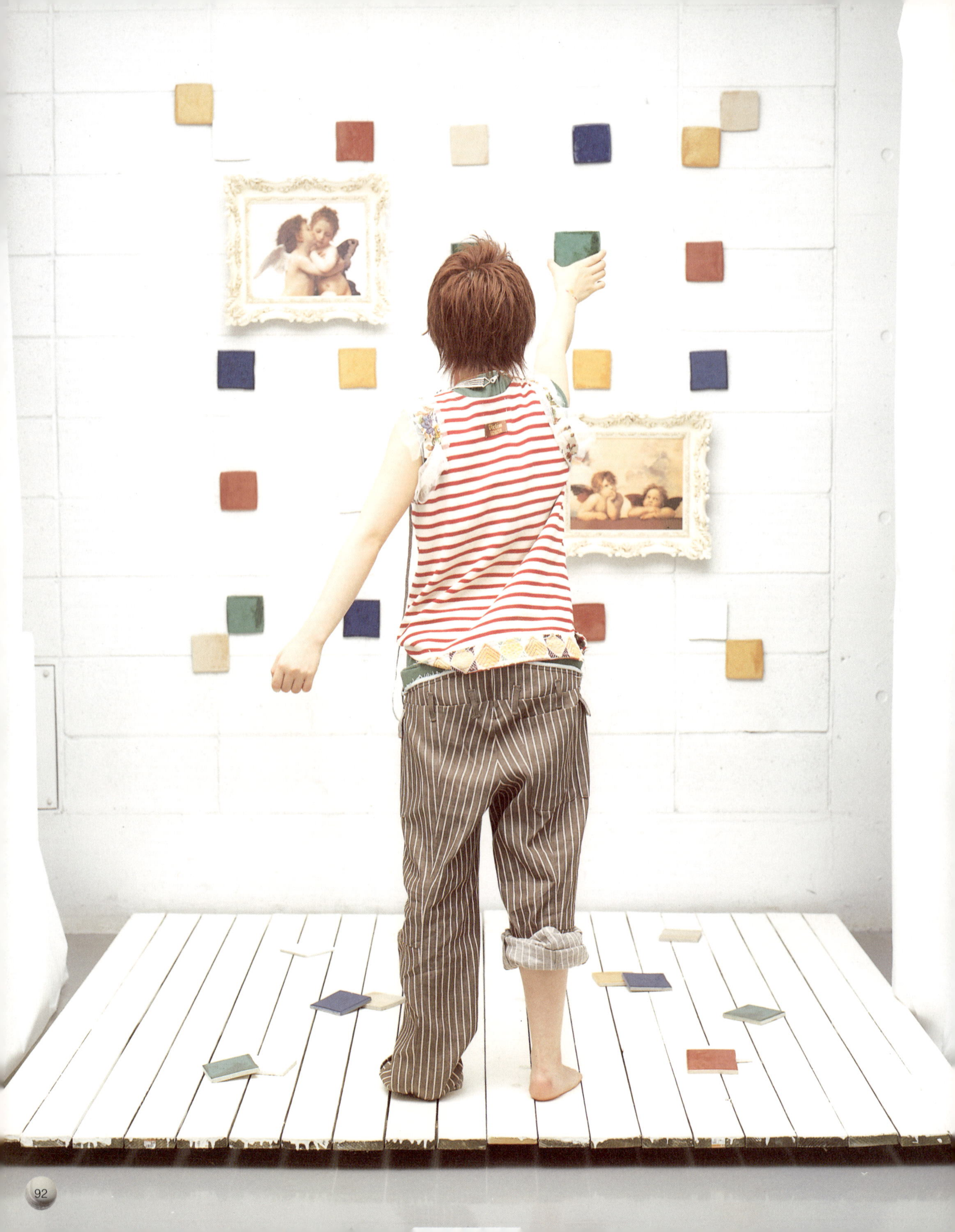

21*

<< back！page 80／81

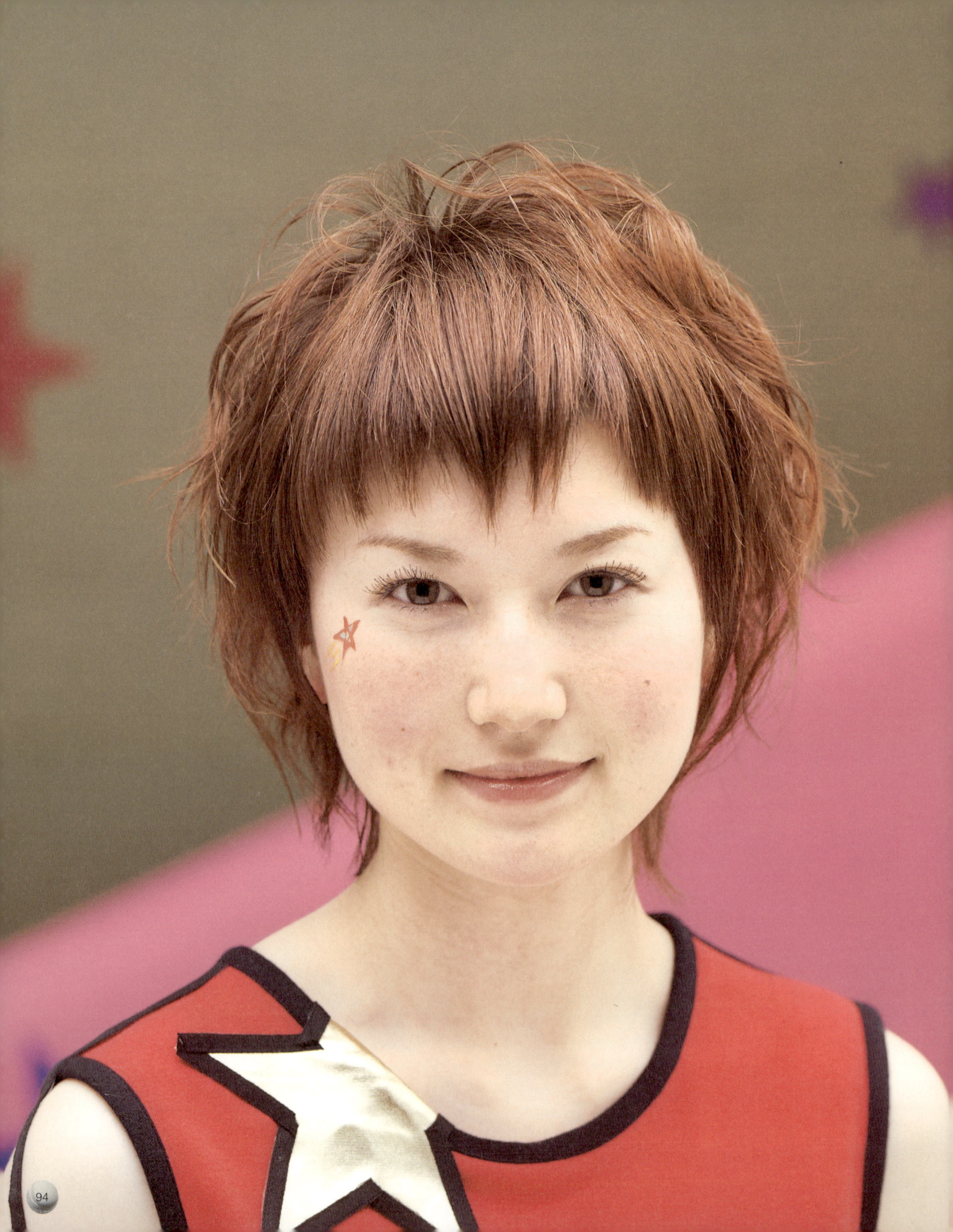

22*
<< back! page 88/89

23*
<< back！ page 82／83

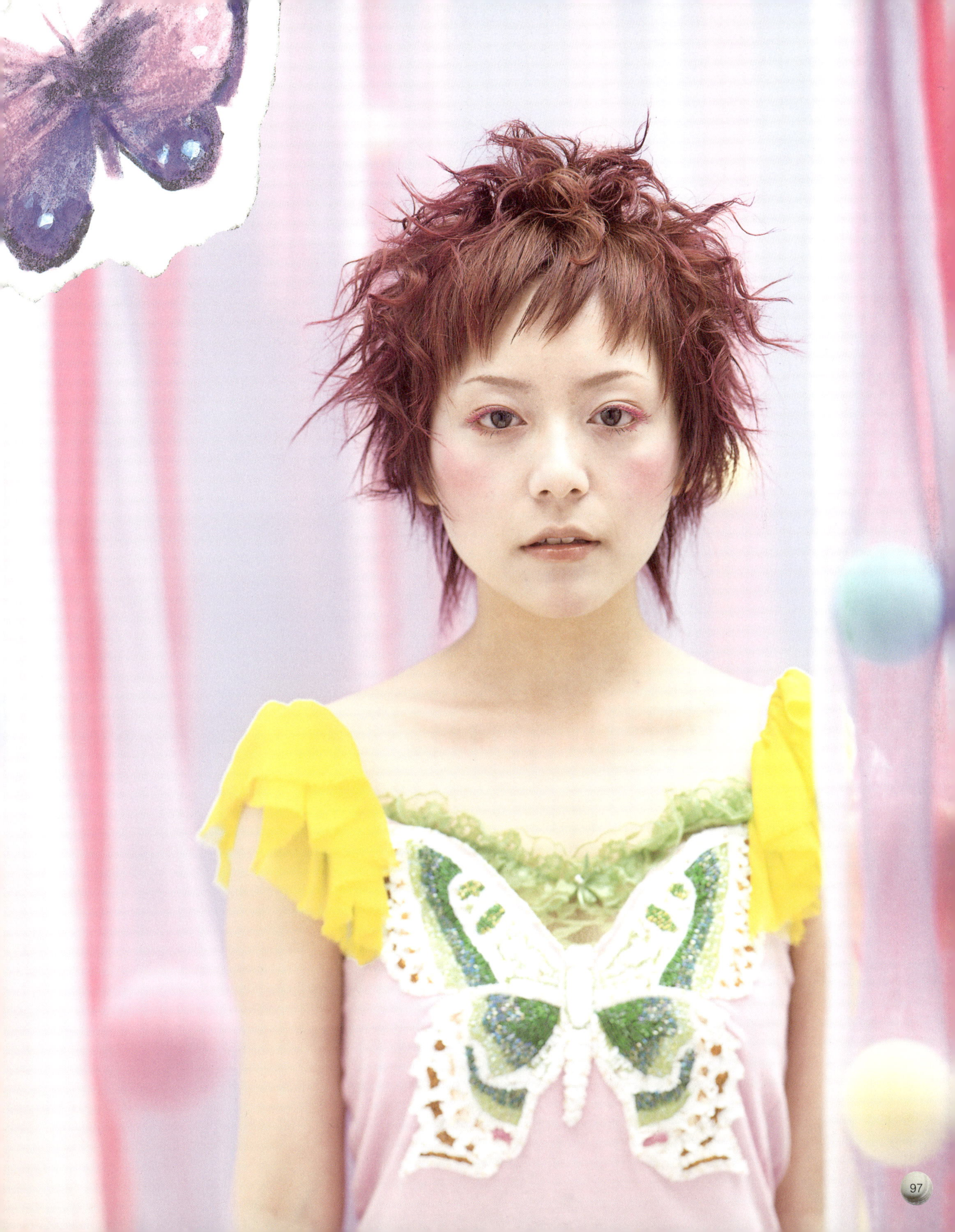

24*
>> go! page 102／103

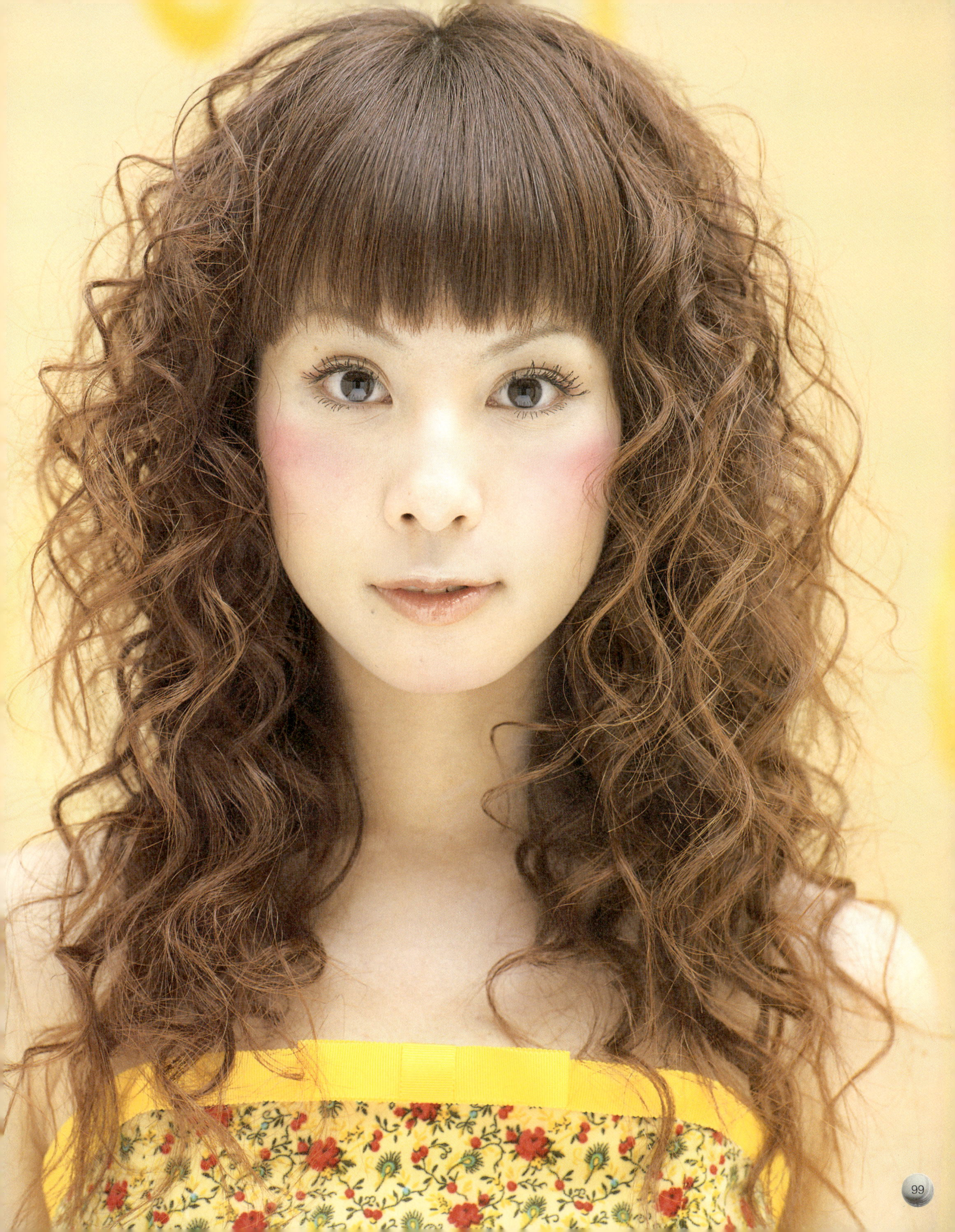

apish rule 4

勉強会のヒント

勉強会の勉強 ＋ 仕事の中でも、勉強かい？

勉強会はかなり重視してます。でも現場での、仕事の中での学びはもっと重視してます。

ぼくたちの仕事って、営業しながら学ぶことがとても多い。ていうか、実践の中でしか学べないことがたくさんあります。たとえばテストカール。apishでは、放置タイムを計って、ロッドをそぉーっと、カールをくずさないようにはずすのは、アシスタント。その状態をスタイリストがチェックしながら、アシスタントにも見せてさわらせる。軟化具合を目で見て、手の感触で覚えていきます。「OK！」vs「あと5分」の差は、どんな状態のときなのか？ 繰り返し、見てさわっていくうちに感覚として、からだで覚えてしまうのです。

現場って、教える場というより［気づく］場でしょ？ ここがすごく重要だと思っています。apishのスタッフはみんな小さなメモ帳を携帯していて、現場で感じた疑問はその場でメモり、その日のうちに質問して解消しておくことになっています。教えられる一方じゃなくて、何がわからないのか、知りたいのかを自分から探し出していく。これも現場だからこその効用でしょう。

タイミング、身のこなし、間のとり方みたいな、ささいなようでいて、実はとても大切な現場のセンスは、現場の体験で身につけるしかありません。

こうしておくことで、トレーニングの成果が出たら、すっ！と仕事に入っていけます。

トレーニング ＋ 情報 ＝ 勉強会

巻きの上達にはトレーニングの積み重ねしかありません［だから、読んでばかりじゃなく→きっと、巻いてよ！］。これはかなり練習します。でも、巻きばかりでもだめ。必ずモデルさんを入れて、デザインからロッドと薬剤選定も含めて実習＆実習。木曜放課後のapish2Fは、ずらり並んで実習しているアシスタントたちで、店内がすごくカラフル。仕上がりだけでなく時間管理まで身に付けます。

apishでは、スピーディな仕事をサービスとは考えていません。契約です。
「これだけのことをこの時間内で」とお約束してこそ仕事です。
この練習には、サロンで人気の［旬］のデザインが活躍。ちゃんとモデルさんを満足させ、喜んでもらっています。できたスタイルを撮影したり、今後のケアをアドバイスしたり、協力してくれたモデルさんたちと盛り上がって、いつまでもにぎやかな夜になります。
練習のための練習メニューではなく、サロンで使うテクニックをトレーニングするため、マニュアルはしょっちゅうメンテナンスが必要です。ちょっと進化させて残すこともあれば、はずされるものあり、まったく新しい1品が加わったり。この見直しが、逆にサロンメニューのリフレッシュや、新しいデザインの発見や進化にもつながっています。

知識 ＋ 情報 × 意識 ＝ 強化合宿！

知識はひたすら覚えるしかありません。apishでは、年2回、全員で1泊2日の集中強化合宿！ メーカーのケミストを招いて原理、法則、情報をびっしり×みっちり。サロンワークでどう使いこなすかまで落とし込みます。
理論も進化がすごく早いから、初心者もベテランも条件はみんな同じ。知識を覚えるだけならひとりでもできる。でも、知識の重要性を認識する、髪の健康を守る意識をみんなで共有するために、このプログラムはかなり効果的。ひとりでやるとつらく感じる勉強でも、みんなでえいやっと取り組むことで乗り越えていけます。
ノートの中の勉強のままでは、なかなか覚えられない理論も、サロンワークで実践してるうちに手と目と頭が一緒になって、覚えてしまえるみたいですよ。
感覚だけではパーマをかけられない時代。絶対にケミカルな視点がはずせません。だったら苦手意識から脱出するためにも、みんな一緒！作戦にトライしてみませんか?

ロング＋レギュラー2種

ロングロッドのゆったりしたウエーブがメイン。
細いレギュラーロッドでしっかり巻いた強めのリッジがアクセント

毛先まで巻きこみ＝強いリッジ

ロッド内で毛先を逃してます

ロッド内で毛先を流してます

毛先が大きく逃がしてある

24 *
<< back！page 98／89

← ゆったりたてに落ちるウェーブ

↑
レギュラーロッドで
一番強いリッジ

レギュラー2種＋円すい2種

レギュラーロッドで、ボリュームと質感をコントロールしながら強めのリッジを出し、
あいだに円すいのアクセント、という感じで配置しましょう

メインはレギュラーのリッジ感

表面に出てくる部分にだけ、ゆるいアクセントの円すい

16*
<< back！ page 70／71

ネープは巻かずに残す

レギュラー2種＋円すい

3種のロッドを交互に、リバースvsフォワード交互に配置。
根元のボリューム感がポイント。毛先はぜんぶロッド内流し

根元まで巻きこんでいるから根元に立ち上がり→
円すいは細い立ち上がり→
レギュラーはやわらかい立ち上がり

リバース

フォワード

20*
<< back！page 78／79

ウエーブを起こす＋束感をつくる→ちょっとくずす

パーマ効果を引き出すひと手間を惜しまないこと。立ち上がりのために巻き込んだ根元は立たせてあげて、
はずした毛先は流してあげればいい。つまり、巻きのねらい通り。
ディテールは寄った目で繊細に、シルエットは引いた目で大胆に。どのスタイルにも考え方は共通です

start　　　　　　　　　　finish

20*
<< back！ page 78／79

1. タオルドライ後、全体にまんべんなく保湿系のスタイリング剤をつけ、
2. 中間から毛先にトリートメント系をもみこむ
3. 毛束を持ち上げて内側からドライヤーを当て、根元だけハーフドライ
4. トップに手を差しこみ、下から大きくつかんで根元を立ち上がらせ、ウエーブを起こします
5. ウエーブをつまんで指に巻きつけ、ひとつずつドライ。パーマの巻きに合わせた束感を
6. 毛先をはずして流したウエーブは、手のひらにのせてドライ
7. それぞれきれいにつくったディテールをくずしながら、シルエットを整えて。
ディテールは寄った目で繊細に、シルエットは引いた目で大胆に

109

変化が前提。だから楽しい、おもしろい

ぼくたちの仕事の［超］本質的なことを、ここであらためて思い起こしましょう。つまり①髪は伸びます。②カラーは必ず色褪せ、③パーマは必ずとれます。ね？ デザインした瞬間から、ヘアスタイルの変化は始まっています。時間経過との相性がものすごく大切で、だからこそ、ひとりのお客さまと、何回でも何年でもお付き合いができる素敵な仕事。この宿命的な［変化］をメリットととらえるか、デメリットと考えるかで、仕事へのスタンスが大きく変わってきます。
ぼくはもちろんメリット派。
デメリットと考えると、ヘアスタイルは作った瞬間が最高。で、あとはゆっくりと、徐々にスタイルが崩れていく、だめになっていく。だめになりきったときにサロンで作り直し、今度も徐々にゆっくりとだめになっていって‥‥。またサロンで‥。こんなつらい循環になるのは①髪が伸びたからカットする。②色褪せたから染め直す。③パーマがとれたからかけ直す、というデメリット発想が原因。

apish rule 5
提案のヒント

そろそろ髪を伸ばしてみませんか？

メリット派は、素材の条件を利用します。①髪が伸びるおかげで、ヘアスタイルが変えられる。②色褪せるから別の色にチャレンジできる（計算されたカラーは、褪せる過程もきれいです）。③とれかけのパーマの質感は、手編みの風合いの味がある。この条件を使いこなして、デザインを［つなげて］いくのです。
さて、あしたさっそく。
ショートのお客さまに、こう提案してください。そろそろ髪を伸ばしてみませんか？

1. あしたはディテールだけ変えて、長さはキープ。毛先を逃がして根元にパーマをかけましょう。動きのある［かわいい］ショートレイヤーとか。

2. 来月は、髪が少し伸びて、根元パーマがやや下がった位置でゆるく残っています。質感をいかしてレイヤーの入れ方を変えて、少し重さを感じさせながら、カラーを。
3. その次は、隠し技。毛先を外向きにRをつけると、髪は長く感じられます。お客さまは、伸びてきたなあ、と感じるはずです。
4. 肩にぶつかる長さになってきたでしょうか? すそのペラペラをカットして、重さを感じさせ、ウルフからボブへ。面を生かすカラーも入れて。これは、かなり印象が変わりますよ。
5. オーバーセクションだけ根元にパーマをかけて、表面に動きをつけましょう。
6. バングをカット。前髪を短くすると、相対的にサイドは長く見えます。
7. 伸ばしながら半年以上が経過しました。ここで飽きてきて切っちゃいたくなる派と、ロングまでいっちゃいたい派に分かれます。切っちゃいたい派には、1.のかわいいにはもどらずに(ここがポイント! もとと同じにしてはいけません)、クール系のショートを提案。ななめバングにカラーも暗めを選んで。ロングまで派には、ここでまたパーマの出番。アンダーセクションにうねりをつけると、クール系の大人な印象に。

いずれにしろ、ヘアスタイルを変えることで、[女性像]そのものを変えてあげることが大切。スタイルの変化でいろんな自分を楽しんでいるうちに、いつのまにか、[かわいい]から[クール]へ連れて行ってあげるのです。さらに、このエピソードに季節感をプラスしてください。たとえば梅雨時をパーマで乗り切り、肌を見せる夏は髪は長めにしてアクセサリー効果。梅雨前のパーマのなごりを生かして遊びましょう。秋には、色の提案に効果があります。服が重くなってくるので、首回りはすっきりカット、秋を感じさせるしっとり系カラーを強調…というように。

お客さまの顔が浮かんできましたか? きっとあした、提案してください(どのパーマにするか、よく吟味してからのほうがいいかも)。

Foo……
She arrived at apish!

Line up

気がついてくれてると思うけど

おんなのこたちをひとつの女性像から

別の女性像に連れて行ってあげるケースを

この本の中でも紹介しています。

それぞれ、およそ1か月のインターバルをおいて

デザインを[つなげて]います。

並べて較べると発見が多いはず。

ではどうぞ。

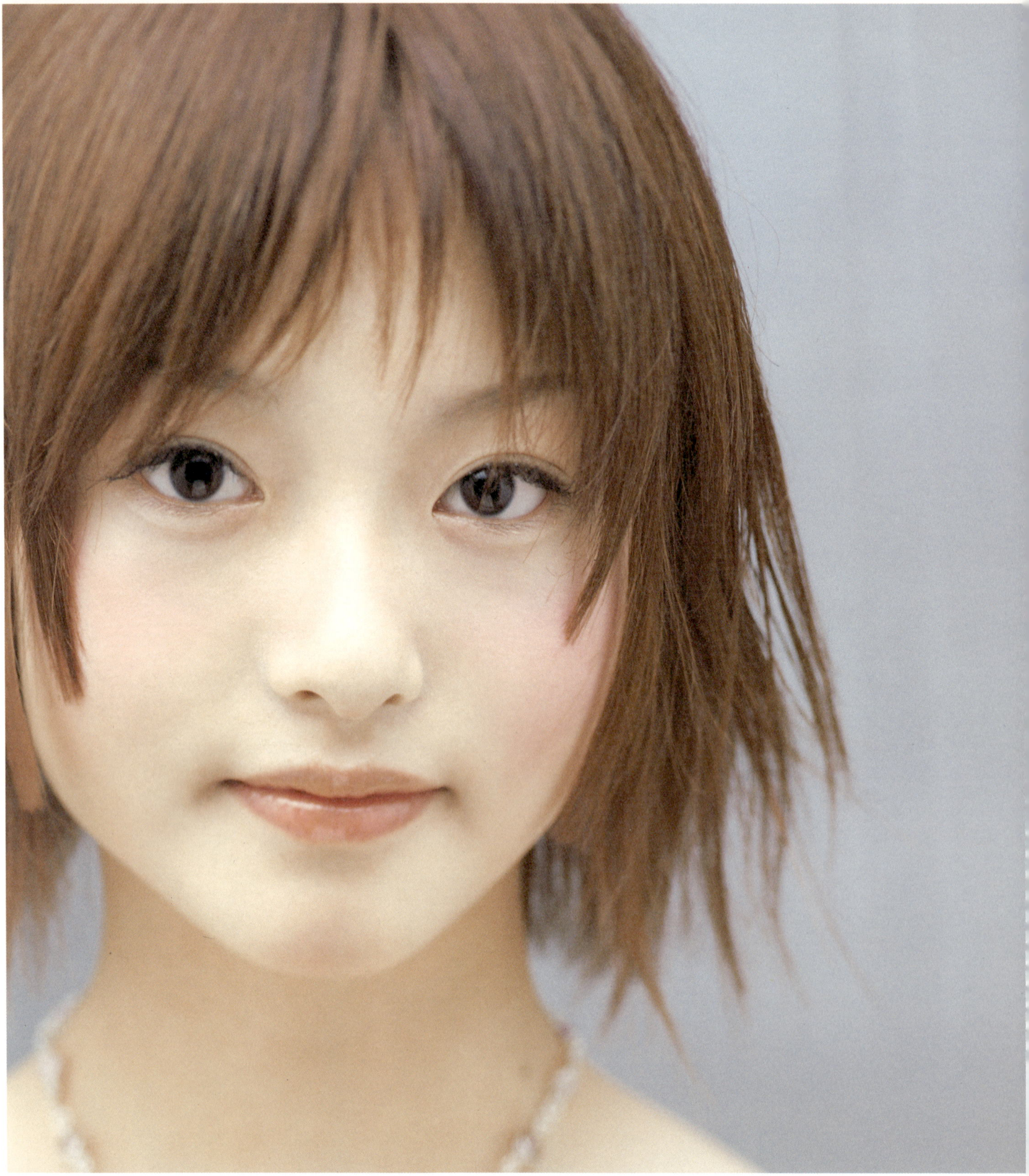

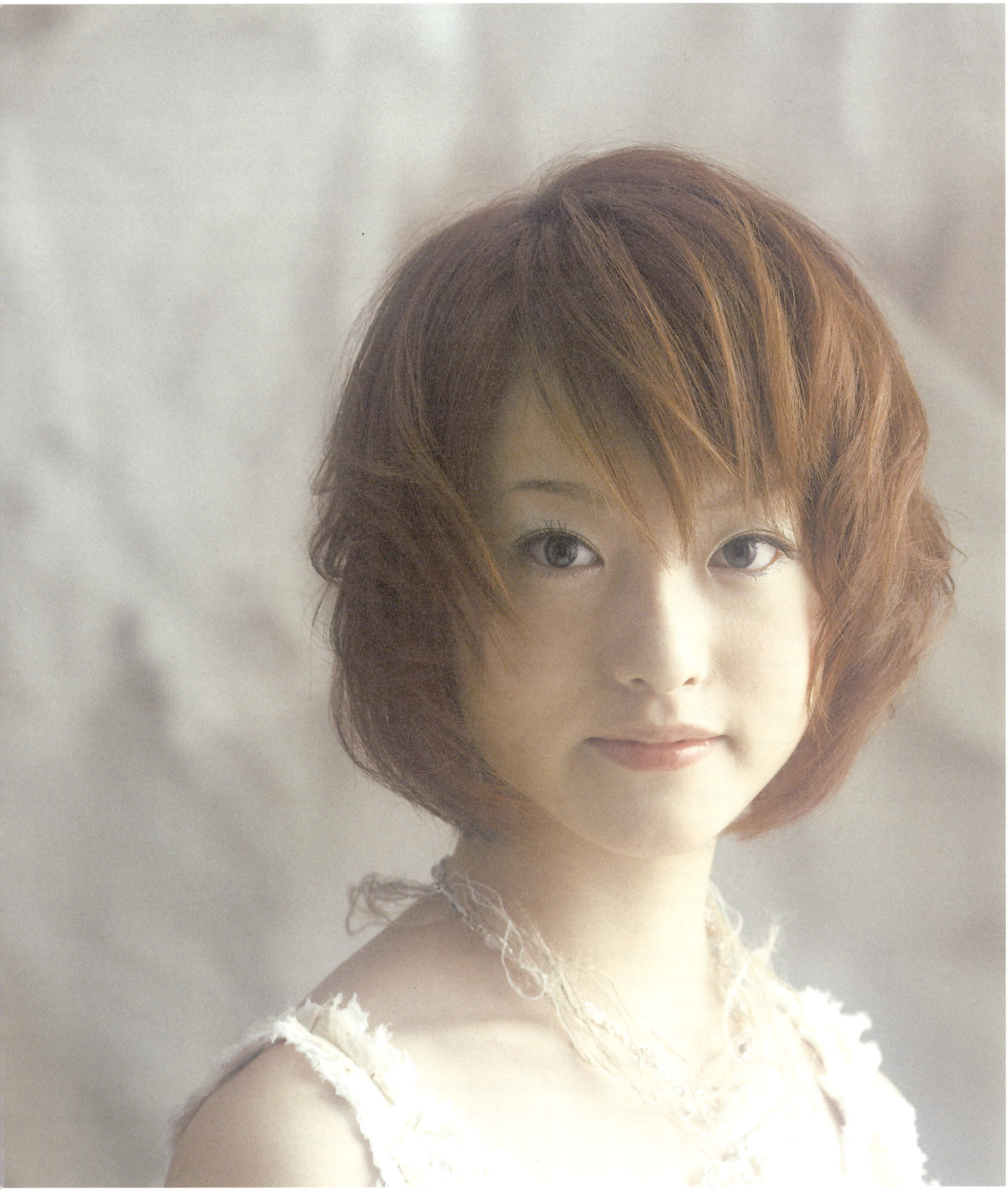

15* << back！ page 52／53

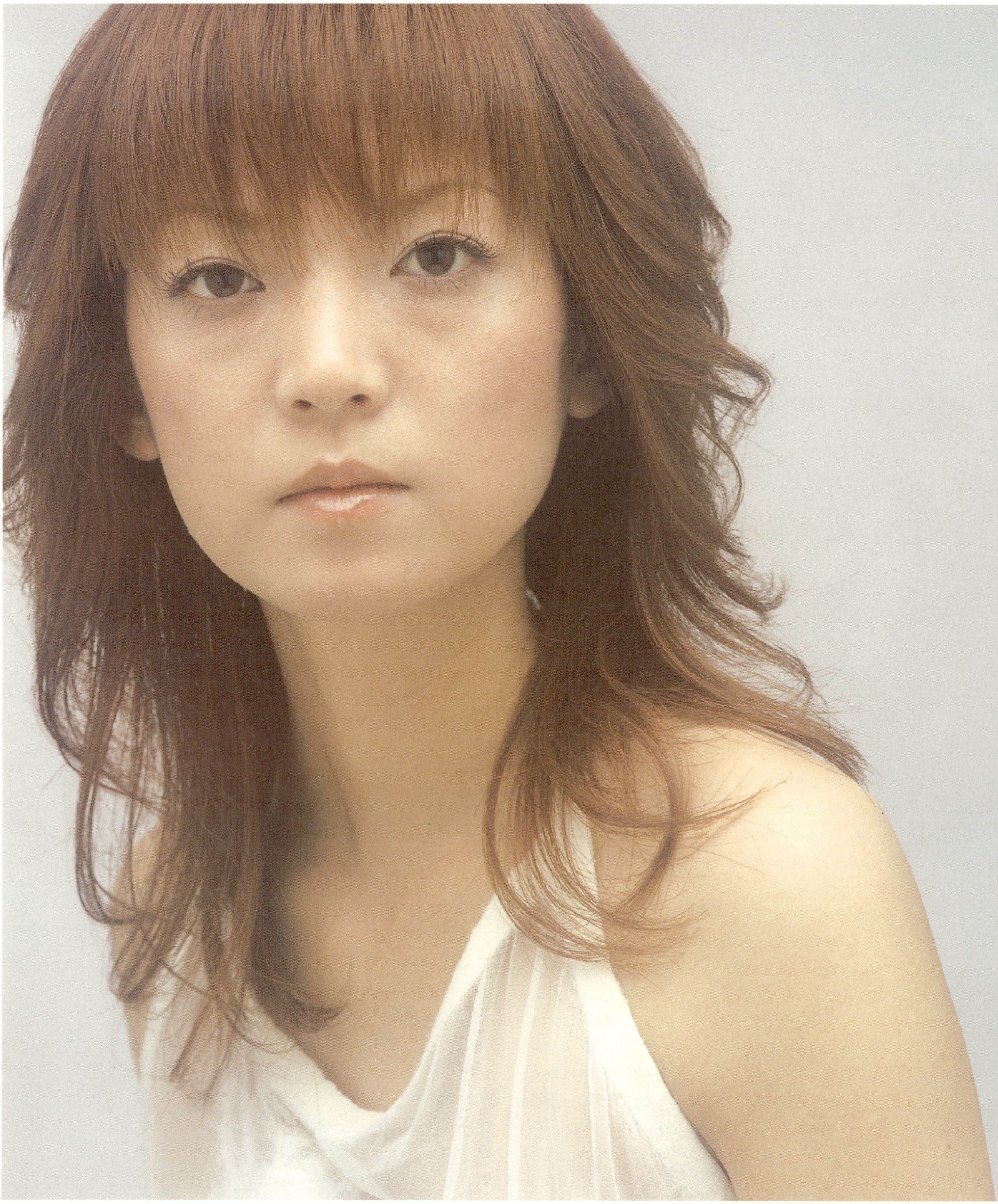

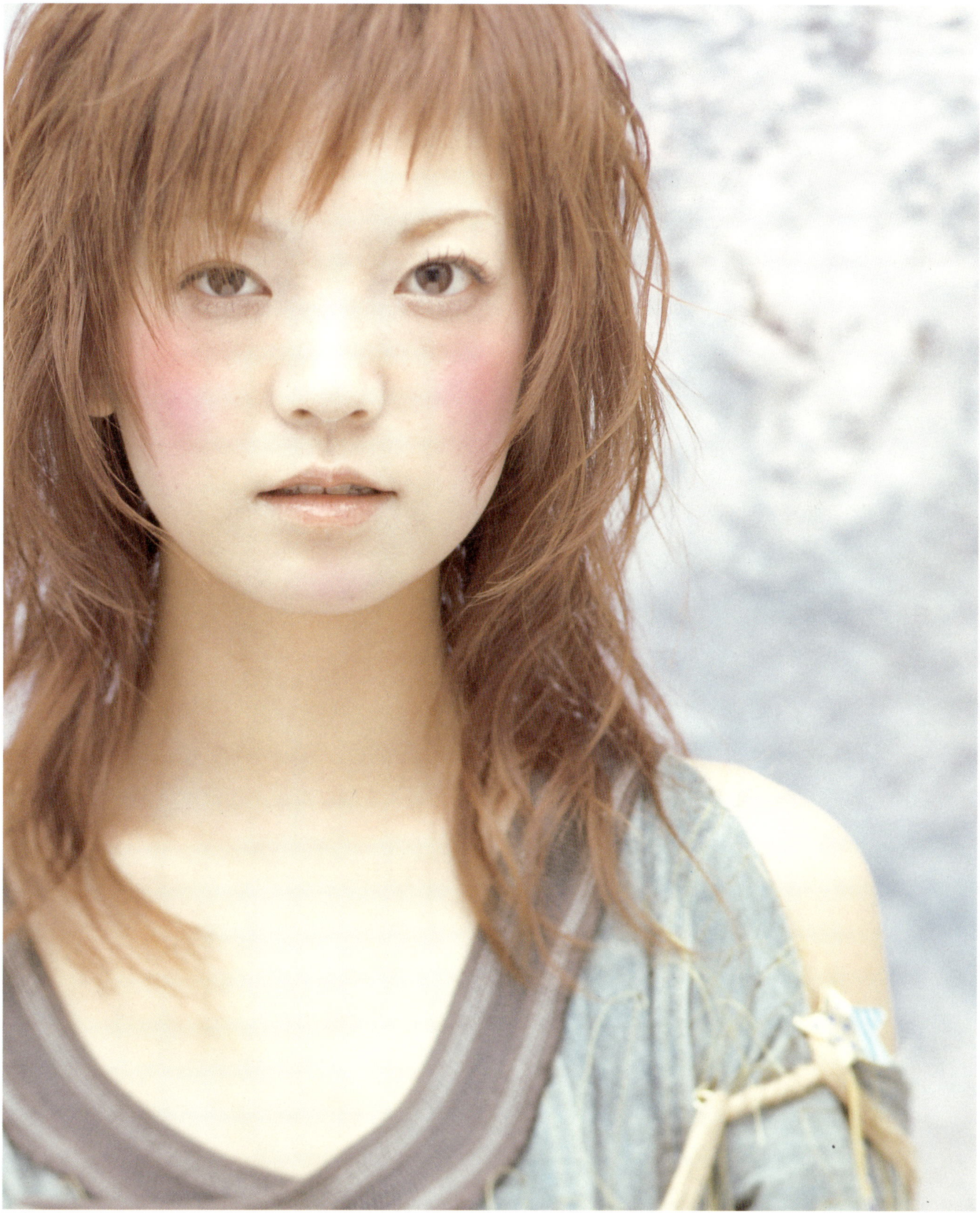

16 << back! page 70/71

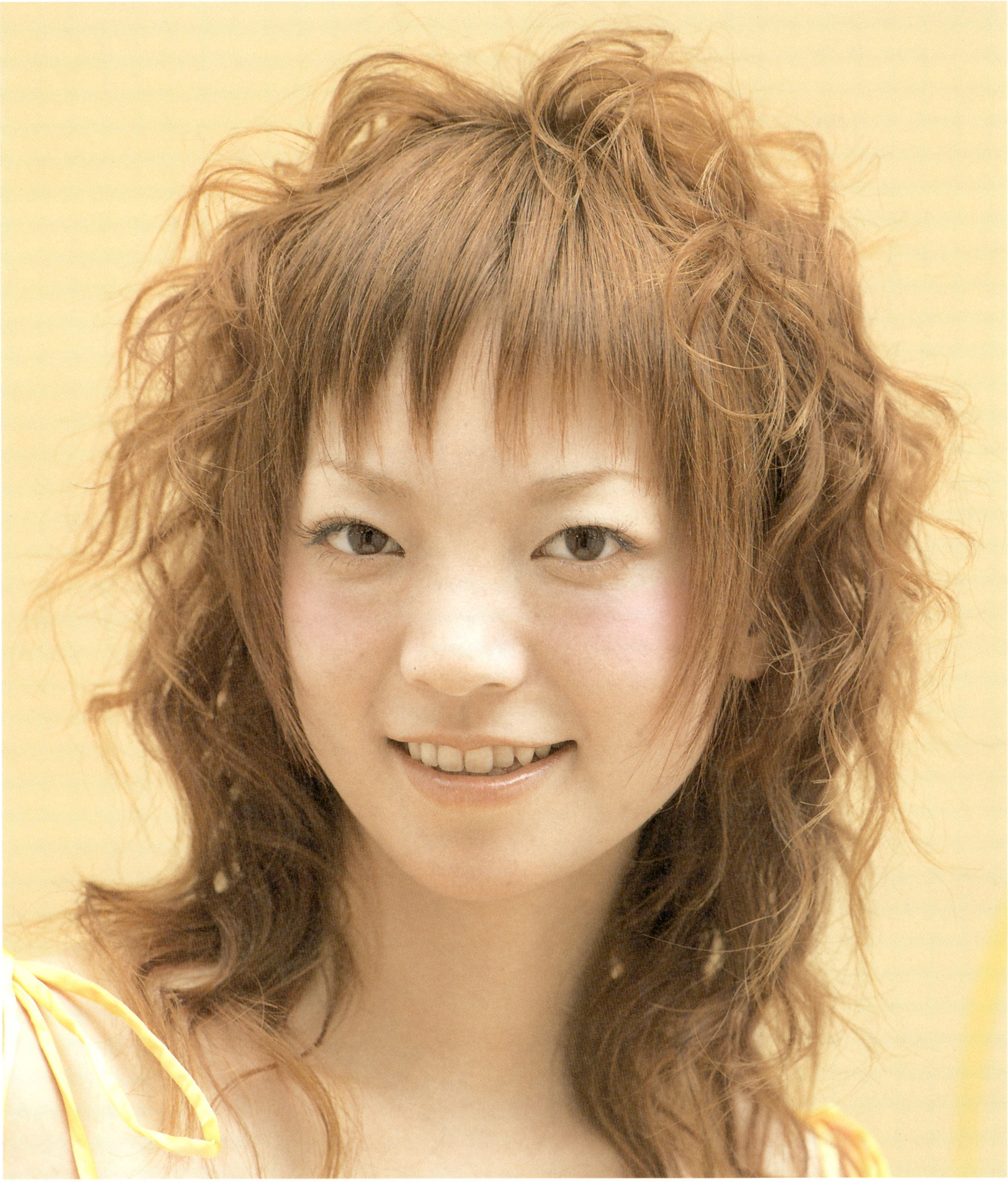

 << back! page 78/79

07* << back！ page 20／21

11* << back！ page 44／45

04* << back！ page 14／15

19* << back！ page 76／77

03* << back！ page 12／13

14* << back！ page 50／51

12* << back！page 46／47

22* << back！page 94／95

21* << back！ page 92／93

23* << back！ page 96／97

09* << back！page 40／41

17* << back！page 72／73

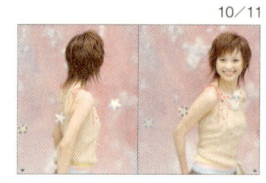

p6-9　ダンシングハート　渋谷区神宮前4-2-16　03-3423-3777　p12-13　THREE FOUR TIME（代官山店）　渋谷区猿楽町11-1 ラフェンテ代官山1F　03-3770-1553
p14-15　ylang ylang　渋谷区神宮前6-24-2 ヨコムラビル2F3F　03-3462-0220／SPLASH　港区北青山3-12-7 カプリース青山508号　03-3406-6890
p16-17　Giséle PARKER　渋谷区神宮前5-2-14 Gate Square1F　03-5778-3350

p72-73　Giséle PARKER　p74　PAUL FRANK　渋谷区千駄ヶ谷3-54-2 B2F　03-5770-6484／Q♥　渋谷区恵比寿西1-18-4 アームズワンビル3F　03-5728-6558／
Styles代官山　渋谷区猿楽町11-8 メゾン代官山　03-6415-7722　p75　CA4LA　渋谷区神宮前3-22-3 ローヤル原宿1F　03-5775-3445／PAUL FRANK
p78-79　DRESS CAMP　渋谷区富ヶ谷1-53-12 403号　03-3466-7761　p92-93　Nid do la Feé　渋谷区神宮前5-11-1　03-5766-4076　p98-99　DRESS CAMP

126

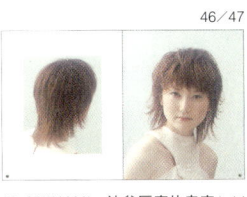

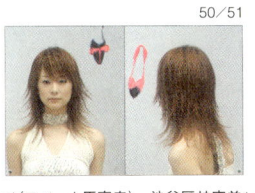

16／17　　　18／19　　　　　20／21　　　　　22／23

42／43　　44／45　　　46／47　　　　48／49　　　　50／51　　　　52／53

p18-19　KAMISHIMA CHINAMI　渋谷区恵比寿南1-11-12 コーポ本多302　03-3793-5822／Raguel（フォレット原宿店）　渋谷区神宮前1-8-10 フォレット原宿B2F 03-3746-7003
p40-41　COCOON　渋谷区神南1-5-15 明治ハイツ2F　03-5784-3405／HEART ATTACK　渋谷区代々木4-23-16-8105　03-3376-8843　　p42-43　Raguel（フォレット原宿店）／
GARDE COLLECTIVE　渋谷区桜丘町29-12 CHビル　03-5459-0240／HEART ATTACK　　p44-45　COCOON／SPLASH　　p48-49・p52-53・p70-71　ダンシングハート

92／93　　94／95　　　96／97　　　　98／99

Very Special thanks to minna!
Costume coordinate／Ume　apish super models／Emiko hazama,Sanako harada , Yumiko hiratsu , Chiharu suzuki
Mami kasai , Sachiyo higashida ,Mika sasai , Emi mikawa , Minako fujioka , Mai siomori , Chie sasaki , Yuko ishibashi , Yoko takaya , Aya ohno

apish all star
Kazuhiro amino , Izumi higuchi , Miwako maruyama , Dai sato , Daisuke shibata , Kohichiro Miyashita , Hayato nakahashi
Kensuke hosaka , Masato saegusa , Yuki urushibata , Ryo hosokawa , Takashi yusa , Arihito ukita , Mayumi usui , Akiko fukuda , Toshifumi yuba
Kenichi hataya , Shinichiro kato , Masaki horie , Risa watanabe , Ayako kohno , Yuuki iwama , Noriko tsuga
Kentaro yamamoto , Daisuke ishigaki , Hiroyasu akiyama , Kenta kanno , Akihiko serizawa
Tsukasa omata , Naoko kawaura , Hirotaka kijima , Kiyoko kageyama , Yuri kobayashi , Satomi ichikawa

127

読んでくれてありがとう。

読むだけでなく、感じて、巻いてくれたよね？

本の中では made in apish のパーマですが

巻けば、もう、巻いたあなたのパーマです

みんなのサロン現場で、いろんな［きれい］＋たくさんの［かわいい］が

活躍してくれたら、とてもうれしいです

Tetsuya sakamaki

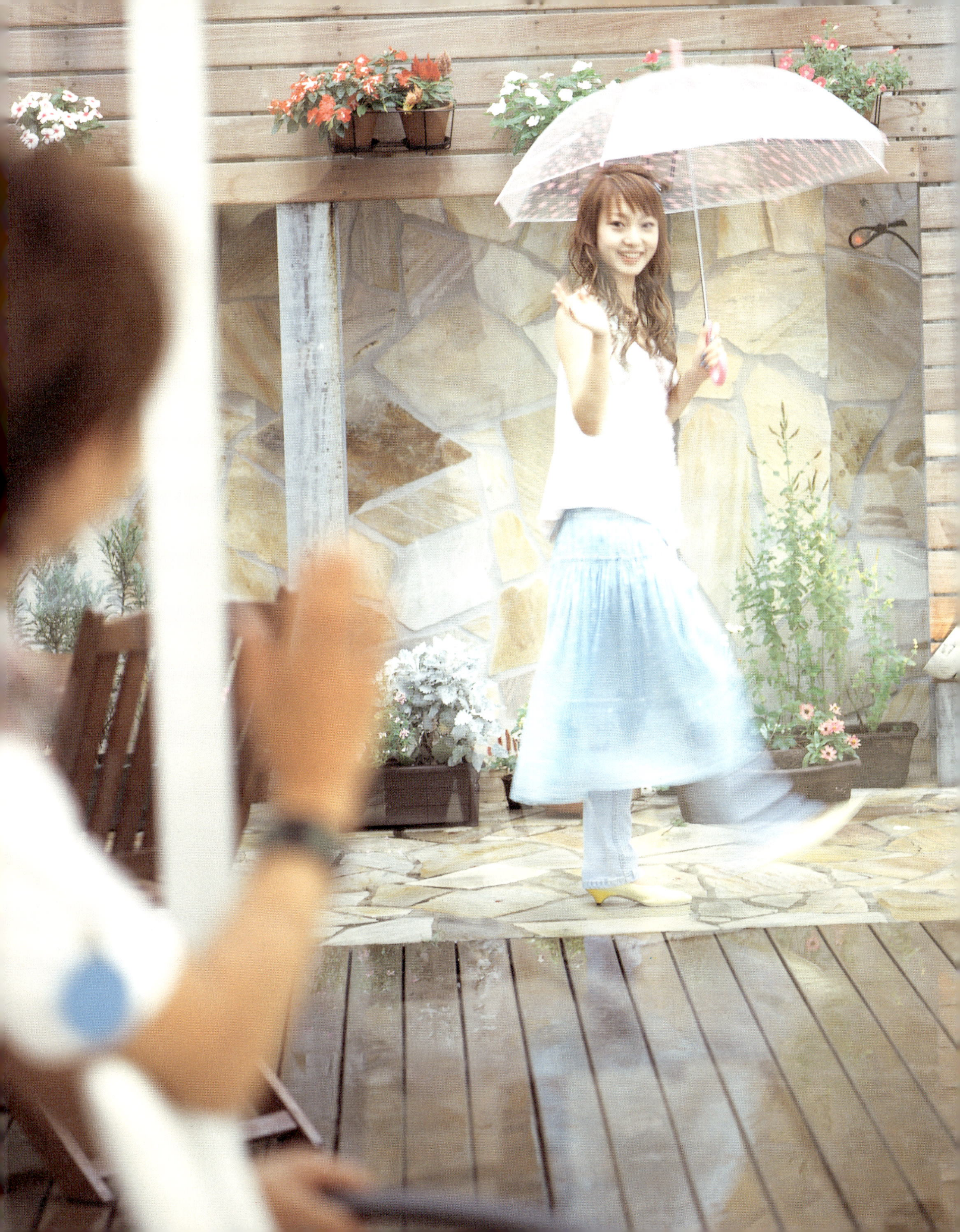

みんながこの本を好きになってくれたらいいな、と思います。
お気に入りの本たちの仲間に、ぜひ入れてやってほしい。
かわいがられる本になれたら、きっと
［やってみよっ］［巻いてみよう！］と思ってくれるに違いないから。

坂巻哲也
62年12月16日千葉県生まれ　バリー美容専門学校卒業
98年10月、apish設立。01年拡張移転
海と星が好き　ときどきお茶の間留学中

art director
Hisashi sakurai（sakurai office）

designer
Midori kondo（sakurai office）

illustrator
Izuru aminaka

printing director
Nobuyuki hiuchi（toppan）

stylist
Ume

photographer
Taito tomita

editor
Kyoko yoshioka

きれいWave★かわいいCurl

定価／5,250円（本体5,000円）　検印省略
2003年10月10日　第1刷発行
2005年4月8日　第3刷発行

著　者　坂巻哲也
発行者　長尾明美

発行所　新美容出版株式会社
〒106-0031　東京都港区西麻布1-11-12
編集部 tel 03-5770-7021
販売部 tel 03-5770-1201　fax 03-5770-1228
www.shinbiyo.com
振　替　00170-1-50321

印刷　凸版印刷株式会社
製本　共同製本株式会社

©Tetsuya Sakamaki & SHINBIYO SHUPPAN
printed in japan 2003